FIT
FAB
40

KOSM • S

www.kosmosuitgevers.nl
 kosmos.uitgevers
kosmosuitgevers

COLOFON

© 2021 Nanneke Schreurs/Kosmos Uitgevers, Utrecht/Antwerpen
Tekst: Nanneke Schreurs
Foodfotografie en foodstyling: José van Riele
Fotografie: Ingrid van Heteren - Fotostudio Enjoy, Jade Harms - The Girl With The Camera

Met dank aan:
Optimal Health Studio, Mijdrecht
Restaurant Rendez Vous, Mijdrecht
Locatie lifestyle fotografie door Jade Harms: Buitenplaats Plantage, Vogelenzang
Locatie en interieur styling fotografie Ingrid van Heteren: KimRStyling
ROETZ Bikes
Pindakaaswinkel

Omslagontwerp & lay-out binnenwerk: Femke den Hertog

ISBN 978 90 215 8268 9
ISBN e-book 978 90 215 8269 6
NUR 443

FIT
FAB
40

IN 10 STAPPEN
DE FITSTE VERSIE VAN JEZELF

Nanneke Schreurs

KOSM•S

Kosmos Uitgevers, Utrecht/Antwerpen

INHOUD

Waarom leeftijd nooit een excuus is

Om mij heen zag ik het gebeuren; vrouwen van wie het lichaam rond het vijfendertigste of veertigste levensjaar sterk begon te veranderen. Ik hoorde vriendinnen klagen over moodswings, nachtelijk zweten, opvliegers, een taille die verdwijnt en extra kilo's die blijven plakken. Ik herkende me heel lang niet in die verhalen, want niets van dat alles was op mij van toepassing. Totdat... ik vlak voor mijn 48e verjaardag de vakantiefoto's bekeek. Ik keek en keek nog eens goed en vroeg me af waar dat veranderde silhouet plotseling vandaan was gekomen. Die levensfase die ooit nog zo ver weg leek stond opeens vlak voor me en grijnsde me recht in het gezicht. Ik was bijna 48 en blijkbaar ongemerkt de vetste versie van mezelf geworden.

Dat een vrouwenlichaam onherroepelijk verandert zodra het de vijftig nadert, oké, maar moest ook ik daaraan geloven? Zouden die extra kilo's er nooit meer af gaan en zou ik die andere klachten er dan ook gewoon bij krijgen? Heel even had ik de neiging me er maar bij neer te leggen en erin te berusten, maar ik realiseerde me dat ik dat niet wilde. Als geen ander weet ik wat je met voeding, training en leefstijl kunt bereiken. Bovendien weet ik dat dat niet leeftijdsgebonden is. Ik dacht aan een aantal van mijn grote inspiratiebronnen, zoals de ultra-atleet Rich Roll (1966) en de bodybuildster Ernestine Shephard (1936), die juist op latere leeftijd nog de allerfitste versie van zichzelf werden.

Natuurlijk verandert ons lichaam als we ouder worden. Ouder worden is iets wat ons veel brengt, waar we trots op en dankbaar voor mogen zijn. Maar het hoeft je er niet van te weerhouden om te streven naar de fitste versie van jezelf. Integendeel zelfs. Er zijn meerdere leefstijlveranderingen waarmee je het verouderingsproces kunt vertragen, stoppen of zelfs terugdraaien. Als je de goede strategieën gebruikt kun je de processen in je lichaam en zelfs je genen gunstig beïnvloeden. Zoals de Amerikaanse bioloog dr. Bruce Lipton het zo mooi omschrijft: 'Wij zijn de bestuurders van ons biologisch functioneren'

Ik besloot om vóór mijn vijftigste de fitste versie van mezelf te worden, veranderde mijn voedingspatroon, bewegingspatroon en leefstijl op een zo goed mogelijke manier én begon met mijn blog Fitgreenchef.com, waar ik mijn ervaringen deelde. Ik ging van vetste naar fitste versie van mezelf. Steeds meer vrouwen benaderden me met de vraag of ik ze wilde begeleiden zodat zij ook de fitste versie van zichzelf konden worden. Daarom creëerde ik een 10-weeks begeleidingsprogramma. Een programma, gebaseerd op mijn kennis en eigen ervaringen, waarin je tien stappen doorloopt. Dat programma heb ik uitgewerkt in dit boek. Ik hoop jou te motiveren met mijn verhaal en ervaring. Geloof me: leeftijd is geen excuus! Vind jouw doel, jouw uitdaging en ga aan de slag. Hopelijk inspireer ik je om een aantal van mijn *healthy habits* over te nemen. Doe wat bij jou past en waar je je goed bij voelt. In je eigen tempo, stap voor stap, op weg naar de fitste jij.

FABULOUS FIT NA JE VEERTIGSTE, KAN DAT?

Het leven is niet voorbij als je de veertig bent gepasseerd. Nu is juist de tijd om alles uit je leven te halen. Dat doe je door jezelf uit te dagen en nieuwe doelen te stellen. Respecteer je leeftijd; omarm je ervaring en hou van jezelf. Wees trots op jezelf, ongeacht welke leeftijd je hebt. Ik wil je laten zien dat alles mogelijk is, met de goede mindset, tools, informatie en de juiste mensen om je heen. Het lichaam en de energie die je had toen je jong was, of die je toen had willen hebben? VERGEET DAT! Je kunt een nog veel fitter lichaam en een krachtigere geest creëren met de juiste inzet en motivatie.

Als je eenmaal weet hoe je balans creëert in je leven, je dagelijkse routines en gewoontes, dan is alles mogelijk. Moet je er hard voor werken? Ja! Reken maar. De waarheid is dat als je iets wilt bereiken je er ook iets voor zult moeten doen.

Er is geen *shortcut* naar de fitste versie van jezelf. Maar hoe leuk is het om die uitdaging aan te gaan? Hopelijk kan ik je laten zien hoe je daar plezier in kunt hebben. En zeg nou zelf, de fitste versie van jezelf worden als je jong bent is makkelijk: na je vijfendertigste moet je er harder voor werken. En daardoor is de voldoening des te groter.

Met dit boek hoop ik alle vrouwen, zowel jonge als iets oudere, te inspireren en te motiveren. Internet staat vol met blogs en sites van jonge fitgirls, wat het idee versterkt dat je na je veertigste, vijftigste of daarna niet meer de fitste versie van jezelf zou kunnen zijn. Laten we met ons allen bewijzen dat je, ongeacht je leeftijd, *Fit & Fabulous* kunt zijn. Het leven is niet voorbij als je veertig gepasseerd bent. Daag jezelf uit, zet een doel, omring jezelf met de juiste personen en geloof in jezelf.
Met 'de fitste versie van jezelf' bedoel ik overigens niet een zogenaamd perfecte versie van jezelf. Perfectie is saai. Wees blij met je imperfecties en zoek een haalbaar en bereikbaar doel. Dit boek helpt je om stap voor stap fitter, sterker en energieker te worden. Om zo, als fitste versie van jezelf, jouw doelen te behalen.

"

WHEN YOU COMPETE WITH A PERSON, YOU ONLY HAVE TO BE AS GOOD OR BETTER THAN THE PERSON TO WIN. IF YOU COMPETE WITH YOURSELF, THERE IS NO LIMITATION TO HOW GOOD YOU CAN BE

Chin-Ning Chu, bestsellerauteur en bedrijsadviseur

Stap voor stap
NAAR DE FITSTE VERSIE VAN JEZELF

HOE DIT BOEK TE GEBRUIKEN

Dit boek bestaat uit tien stappen. Bij elke stap zul je een nieuwe gewoonte integreren in je leven. Wanneer je voor elke stap één week de tijd neemt, duurt het totale programma tien weken. Maar je kunt er ook langer over doen. Heb je meer tijd nodig om een stap te nemen? Neem die tijd dan ook. Het is geen wedstrijd en het doel is niet dat je de stappen zo snel mogelijk te doorloopt. Integendeel zelfs.

Het ligt er een beetje aan wat voor nieuwe gewoonte je jezelf wilt aanleren, maar gemiddeld duurt het 66 dagen voor je het blijvend hebt ingepast in je leven. Bij iets wat je moeilijk vindt, zal het langer duren voor je er een gewoonte van hebt gemaakt; de stappen die de meeste weerstand oproepen, zullen je de meeste moeite kosten. Dat zijn ook de veranderingen die je het hardst nodig hebt en waar je de meeste profijt van zult hebben.

Aan het einde van het traject heb je heel veel stappen genomen. Tegen die tijd heb je sommige gewoontes al helemaal geïntegreerd in je leven. Andere zijn misschien nog niet zo verankerd in je systeem dat ze al 'gewoon' zijn geworden. Je bent dus niet klaar na het doorlopen van de tien stappen. Eigenlijk ben je dan net gestart en sta je aan het begin van je nieuwe levensstijl. De tijd erna is net zo belangrijk, daarin blijf je alles wat je hebt geleerd in praktijk brengen. Er is geen, wondermiddel, geen *quick fix*: de fitste versie van jezelf zijn is een proces dat niet stopt als je een bepaald gewicht hebt bereikt of een bepaald uithoudingsvermogen. Geniet daarom van het proces en van elke stap die je neemt. Geniet van de positieve effecten van deze nieuwe leefstijl. Geniet van je nieuwe jij!

Misschien is de verleiding groot om snel door te bladeren en alvast alle stappen te bekijken. Dat snap ik en doe dat vooral als je die verleiding niet kunt weerstaan. Vergeet daarna meteen weer alles wat je gezien hebt en begin bij het begin zonder na te denken over de volgende stappen. Neem elke stap met aandacht. Doe alles bewust en mindful. Gaat het je te snel? Wacht dan een week tot je de volgende stap zet. Maar blijf nog steeds alles doen waar je mee gestart bent. Het is jouw proces, jouw ontwikkeling. Neem de tijd die je nodig hebt en doe het stap voor stap, in je eigen tempo.

Bij elke stap hoort een nieuwe uitdaging. Daarom begint elk nieuw hoofdstuk met informatie over wat je precies gaat doen, gevolgd door een uitleg over het hoe en het waarom.

Een fit fab leven

RECEPTEN

Omdat voeding een belangrijke rol speelt in je proces om fit en fabulous te worden, vind je bij elk hoofdstuk een voorbeeldmenu met drie recepten. Dat zijn recepten waar je weinig ingrediënten voor nodig hebt en die makkelijk en snel te maken zijn. De gerechten zijn ook geschikt voor eventuele partners, kinderen of andere tafelgenoten. De meeste recepten zijn of zuivel- en glutenvrij, of zodanig makkelijk aan te passen dat ze dat worden. Er is gedacht aan zowel vegetariërs, veganisten als alleseters en bij de recepten staan verschillende opties zodat je de recepten kunt kiezen die bij jouw eetwijze passen. Tevens staat er bij meerdere gerechten vermeld of ze passen in een *Low Carb Healthy Fat* (LCHF) voedingspatroon of hoe je een recept zodanig kunt aanpassen dat het dat wordt. Het werkt niet om van de ene op de andere dag je hele voedingspatroon rigoureus om te gooien. Kies de gerechten die jou aanspreken of maak een eigen variatie op de recepten. Als je elke week één nieuw gerecht aan je weekmenu toevoegt, eet je na tien weken al de helft van de week anders dan je daarvoor deed. Doe je dit nog eens tien weken dan heb je een compleet nieuw voedingspatroon.

V	VEGETARISCH
VG	VEGAN
LCHF	LOW CARB HEALTHY FAT

In dit boek vind je alle benodigde stappen om een Fit Fab leven te leiden zodat jij een Fit Fab lijf kunt bereiken. Alle stappen zijn onderdeel van een groter geheel; de een kan niet zonder de ander. Alle veranderingen die je de komende tijd gaat aanbrengen zijn onlosmakelijk met elkaar verbonden. Uiteindelijk draait het om het geheel; de combinatie van al die losse onderdelen. We focussen soms te veel op één onderdeel en verliezen dan andere aspecten uit het oog. Meer is niet altijd beter, uiteindelijk is het de balans waar het om draait.

BALANS

Balans; een woord dat vaak gebruikt wordt zonder dat er nagedacht wordt over de ware betekenis. In de traditionele Chinese geneeskunde; ayurveda en ook in de yoga-filosofie is balans een natuurlijk gegeven waar gebruik wordt gemaakt van tegenstellingen zoals de seizoenen, natuurelementen en de tegenstelling tussen yang en yin. Warmte en kou; zacht en hard; zomer en winter; zon en maan; dag en nacht; het één bestaat niet zonder het ander. Juist door de afwisseling ontstaat er balans.

NATUURLIJK LEVEN

Voor het grootste gedeelte leven we niet meer op onze natuurlijke, oorspronkelijke manier waardoor we verder en verder van onszelf verwijderd raken.
Energietekort; slecht slapen; darmklachten; niet af kunnen vallen; stemmingswisselingen, het zijn allerlei klachten die door veel mensen al als 'normaal' gezien worden. Dingen die 'nou eenmaal' bij het leven of bij ouder worden horen. Maar het grootste gedeelte van alle gezondheidsklachten is gerelateerd aan onze leefstijl en de keuzes die we dag in, dag uit maken. Onze onnatuurlijke manier van leven is voor ons al zo normaal geworden dat we ons niet realiseren hoe dat onze gezondheid, ons lijf, ons humeur en zelfs onze stofwisseling negatief beïnvloedt.

Wanneer je weer op een natuurlijke, oorspronkelijke manier gaat leven – natuurlijk leven zoals onze voorouders dat al miljoenen jaren deden – wordt je de fitste versie van jezelf. In harmonie leven met je natuurlijke ritme en gebruikmaken van tegenstellingen, daardoor leidt je een Fit Fab leven en krijg je een Fit Fab lijf.

DE OVERGANG

Zo tussen je 45e en je 55e begint voor de meeste vrouwen de overgang, maar het kan ook eerder. De overgang, of menopauze, is technisch gezien de periode waarin je de overgang maakt van je vrucht-bare naar je onvruchtbare fase. Het is een fase die zo'n 6 tot 13 jaar kan duren.

Grote kans dat jij als lezer van dit boek je al in die periode bevindt of er binnenkort mee te maken krijgt.

In 2019 was de levensverwachting van vrouwen in Nederland 83,6 jaar (Bron: CBS). Na de menopau-ze heeft een vrouw waarschijnlijk dus nog 35 jaar te leven. Ik hoorde ooit iemand zeggen dat de menopauze daarmee tegenwoordig de 'lente' van je tweede levenshelft is. Helaas is deze levensfase in onze cultuur vaak omhuld door negatieve en ook veel tegenstrijdige verhalen, waardoor het voor veel vrouwen bij voorbaat al als iets vervelends gezien wordt. Maar, ook al lijkt het door veel verha-len anders; de overgang is géén ziekte. Het is een overgang van de ene naar de andere levensfase.

De typisch westerse verschijnselen zijn vrijwel onbekend in niet-westerse culturen. Daar wordt de menopauze vaak gezien als het begin van een nieuwe levensfase waarbij je tot zelfontplooiing en verdieping van je bewustzijn komt. Een levensfase waarin vrouwen meer respect afdwingen door levenservaring en wijsheid. In Keltische culturen wordt het jonge meisje gezien als de bloem; de moeder als de vrucht en de oudere vrouw als de kiem. De kiem staat voor de kennis, het vermogen, van alle andere delen van de plant.

In andere culturen schrijft men meer kracht en wijsheid toe aan vrouwen na de overgang en kun-nen ze pas dan sjamaan worden. Een hele andere benadering dan in de westerse cultuur, waar de menopauze toch vaak gezien wordt als een kwaal in plaats van een natuurlijk proces. Hoe kan het dat vrouwen in andere culturen, maar ook bij natuur-volkeren, niet zulke problemen hebben als wij tegenwoordig in onze westerse maatschappij? En waarom heeft de ene vrouw heftige klachten terwijl de andere nergens last van heeft?

Een groot gedeelte van de klachten zijn een logisch gevolg van de manier waarop en de omgeving waarin we tegenwoordig leven. Stress, vervuiling, giftige stoffen in onze omgeving, cosmetica en voeding en verstoring van het bioritme zorgen ervoor dat onze hormonen uit balans raken. Maar dit is niet nodig! Integendeel. Door weer in harmonie met onze natuur te leven en gebruik te maken van de juiste prikkels en natuurlijke uitdagingen verhogen we onze belastbaarheid. Veel klachten en problemen ontstaan namelijk in de eerste plaats door een verlaagde belastbaarheid en kunnen we voorkomen of verminderen door aanpassingen in onze leefstijl. Alle stappen in dit boek helpen je op weg naar de fitste versie van jezelf en kunnen je helpen om de klachten waar veel vrouwen bij het ouder worden mee te maken krijgen, te voorkomen of verhelpen.

IT'S IN THE CHALLENGE WHERE THE MAGIC HAPPENS

Wanneer we ouder worden kan het lastiger worden om uit je comfortzone te stappen. Maar *'it's in the challenge where the magic happens!'*. Oftewel, door jezelf uit te dagen zul je resultaten boeken. Je wordt alleen sterker wanneer je jezelf blijft uitdagen, gebruikmakend van natuurlijke en gedoseerde stressprikkels. Stap je niet uit je comfortzone en beweeg je niet vooruit, dan is achteruitgang onvermijdelijk.

Als iets goed voor ons is denken we dat het altijd goed voor ons is. Gezonde voeding is goed en levert waardevolle energie; maar het is niet gezond om de gehele dag door te eten. Gezonde voeding heeft een tegengesteld effect wanneer het op de verkeerde momenten gegeten wordt. Training en beweging kan je sterker en fitter maken, tenzij er te weinig rust en herstel tegenover staat. Daarnaast leven we in een wereld waarin we bijna nooit blootgesteld worden aan natuurlijke uitdagingen. De temperatuur in onze huizen en kantoren is het gehele jaar hetzelfde en we leven continu in een omgeving waarin voeding in overvloed is. Bovendien is er geen duidelijk contrast tussen de eerste helft en de tweede helft van de dag; een natuurlijk ritme ontbreekt; ons stress-systeem (het sympathische zenuwstelsel) wordt voortdurend overprikkeld en er is te weinig herstel.

Als je weer leert leven met contrasten, volgens je natuurlijke ritme, kom je terug bij je oorsprong. Die natuurlijke uitdagingen worden onder andere gevormd door een duidelijk onderscheid tussen tegenstellingen als kou en warmte, beweging en rust, dag en nacht, licht en donker. Dit alles bevordert je gezondheid.

Het is niet moeilijk om op die manier te leven; het is hoe we vroeger altijd leefden – onze ouders, grootouders en ga zo maar door – en dat betekent dat het diep in onze genen is verankerd. Alleen wanneer je niet weet hoe je dat doet neem je ongewild en onbewust de verkeerde beslissingen. Gewoontes waarvan we denken dat ze normaal zijn of dat ze gezond zijn (omdat we het nu eenmaal zo geleerd hebben of omdat iedereen het zo doet) werken juist tegengesteld en keren zich tegen ons lichaam. Dat kan frustrerend zijn: je denkt dat je gezond leeft en toch voel je je niet optimaal. Natuurlijk leven, daar reageren ons lijf en onze geest het beste op. Daarvoor hoeven we echt niet terug in de tijd; we kunnen dit makkelijk opnemen in onze hedendaagse maatschappij, met de kennis, techniek en ontwikkelingen van nu. We leven nu eenmaal in deze tijd, maar wel nog steeds met hetzelfde lichaam als onze verre voorouders. Wij zijn niet veranderd; onze omgeving is dat wel. Kortom, een Fit Fab lijf creëer je door natuurlijk te leven, in harmonie met onze natuur en genen, en met de kennis van nu.

Veel oude filosofieën en natuurgeneeswijzen doen dit al eeuwenlang; tegenwoordig worden veel principes daarvan wetenschappelijk onderbouwd, wat het voor veel mensen 'nieuwe kennis' maakt. Dit is het echter niet; we hebben het alleen opnieuw moeten ontdekken, vanwege de vele gezondheidsklachten waar zoveel mensen mee kampen.

"

'DE AARDE VERNIEUWDE ZICH NIET, DIE DRAAIDE GEWOON ROND. MAAR DÁT HIJ DRAAIDE, OM DE ZON NOG WEL, EN ZICH VOORTDUREND AAN OPWARMING EN AFKOELING BLOOTSTELDE… DAT WAS IN ZIJN MAJESTEITELIJKE GROOTHEID DAN TOCH TENMINSTE PRACHTIG, EN HOOPGEVEND (IK)? WAAROM ZOU ALLES WAT FYSIEK VERKLAARBAAR WAS METEEN ONTTOVERD MOETEN ZIJN?'

fragment uit *De Stem*, **Jessica Durlacher**

HOOFDSTUK 1
Mindset motivatie en doelen

STAP 1

STEL EEN MEETBAAR DOEL

Je eerste stap en uitdaging is het stellen van een of meerdere persoonlijke en meetbare doelen. Schrijf het op en deel je doel(en) met iemand uit je omgeving die je vertrouwt en het beste met je voor heeft. Lees voordat je daarmee begint eerst dit hoofdstuk door.

"

WATCH YOUR THOUGHTS,
THEY BECOME YOUR WORDS
WATCH YOUR WORDS,
THEY BECOME YOUR ACTIONS
WATCH YOUR ACTIONS,
THEY BECOME YOUR HABITS
WATCH YOUR HABITS;
THEY BECOME YOUR
CHARACTER
WATCH YOUR CHARACTER,
THEY BECOME YOUR DESTINY

LAO TZU, CHINEES FILOSOOF

GEZONDHEID,
EEN FIT LIJF EN
LEKKER IN JE VEL
ZITTEN, HET IS GEEN
EINDSTATION MAAR
EEN REIS.

MINDSET

Alles begint en eindigt met de juiste mindset. Dit onderwerp past dan ook net zo goed bij de eerste als bij de laatste stap. Werken aan de fitste versie van jezelf stopt niet na een paar weken of maanden. Gezondheid, een fit lijf en lekker in je vel zitten, het is geen eindstation maar een reis. Op een positieve manier werken aan jezelf en daar de vruchten van plukken is een van de leukste dingen die er is. Hopelijk ga je dat ook vinden en beleef je veel plezier aan de uitdagingen waar je mee aan de slag gaat.

Wanneer je hoort dat alles afhangt van een juiste mindset kan dat overweldigend overkomen. Veel cliënten zeggen bij de start van een traject tegen me dat het bij hen 'alles of niks' is. Ze vertellen dat ze zich altijd vol enthousiasme ergens op storten maar dat vervolgens de wilskracht ontbreekt om door te zetten. Of ze denken dat ze bepaalde doelen alleen kunnen halen door altijd ontzettend gedisciplineerd en gemotiveerd te zijn. Maar weet je wat het probleem is? Wilskracht, motivatie en discipline worden zwaar overschat.

DE MARSHMALLOWTEST

De Amerikaanse psycholoog Walter Mischel voerde in de jaren zestig een experiment uit. Tussen 1968 en 1974 kregen ruim 550 kinderen van de Bing-kleuterschool van de Stanford University de volgende keuze: iets lekkers meteen opeten of wachten en later een dubbele portie van dat lekkers krijgen. Dit gaat als volgt: een kleuter wordt achter een tafeltje gezet met daarop een marshmallow of iets anders lekkers. Een begeleider maakt aanstalten om weg te gaan en vertelt dat het kind twee dingen kan doen: de marshmallow opeten of wachten tot de begeleider terugkomt en dan als beloning er een extra krijgen. Wanneer je op YouTube 'marshmallow test' intikt zie je een herhaling van deze psychologische proef. Het is vermakelijk om te zien hoe verschillend kinderen hierop reageren en wat ze allemaal uit de kast halen om de verleiding te weerstaan. De een bedekt zijn ogen; een ander gaat in de hoek staan om het maar niet te hoeven zien; een ander voelt en ruikt eraan om het vervolgens weer terug te leggen en weer een ander stopt het razendsnel in zijn mond nog voordat de begeleider is uitgesproken.

Mischel schreef een boek over deze proef en legt daarin uit dat hij wilde weten waarom het ene kind wel in staat is de onmiddellijke behoeftebevrediging uit te stellen en het andere niet. Is zelfbeheersing aangeboren? Gebruikten de uitstellers trucjes om zichzelf af te leiden? Wat hij niet voorzien had was dat de uitslag van de test ook een voorspellend vermogen had op de toekomst van deze kinderen. Hij bleef de prestaties van de kinderen de daaropvolgende dertig jaren volgen. Daaruit bleek dat de kleuters die de marshmallows hadden laten liggen, later beter presteerden op school, minder problemen hadden in de puberteit en zowel sociaal als maatschappelijk vele malen succesvoller werden dan de kinderen met minder wilskracht. Ook hadden ze minder kans op overgewicht en verslavingen.

Wilskracht wordt gezien als de sleutel tot succes. En zoals je hierboven kunt lezen ligt een groot gedeelte daarvan al op jonge leeftijd vast.

Veel mensen verwijten het zichzelf als de voornemens die ze hebben mislukken. Ze zien het als een gebrek aan wil en discipline of gebruiken het bij voorbaat al als excuus. En als je naar de marshmallowtest kijkt zou je dat inderdaad als excuus kunnen gebruiken.

Maar ook al heeft de een van nature meer wilskracht dan een ander; bij niemand is deze onuitputtelijk. Gemiddeld hielden de kinderen het niet langer dan drie minuten vol. En maar drie van de tien kinderen hielden het de volle vijftien minuten vol. Wilskracht komt met mate... Het is dan ook belangrijk om de wilskracht die je hebt op de juiste manier en op het juiste moment te gebruiken.

WILSKRACHT IS NIET ALLEEN EEN KWESTIE VAN WILLEN

Wilskracht is net een elastiek. Je kunt het de hele dag rekken, rekken en nog verder oprekken. Maar wanneer het elastiek nooit de tijd krijgt om weer terug te veren en alleen maar verder wordt opgerekt, knapt het op een bepaald moment vanzelf. De makkelijkste weg kan dan de weg van de minste weerstand zijn door uiteindelijk je goede voornemens vaarwel te zeggen of er zelfs helemaal nooit aan te beginnen. Maar je hebt niet meer wil of discipline nodig dan een ander. Het gaat er alleen om dat je het toepast op de juiste momenten. De truc is om het goede te doen in plaats van alles goed te doen. *'Succes is about doing the right thing, not about doing everything right'.* Hoe je dat doet? Door ergens een gewoonte van te maken. Een gewoonte wordt vanzelf routine, waarmee het onderdeel wordt van je levensstijl. En wanneer dat zo is heb je nog maar weinig discipline nodig, zodat je je energie weer ergens anders voor kunt gebruiken. Daarom ga je de komende tijd elke keer per stap één nieuwe gewoonte aannemen. Zo kun je je energie en wilskracht gebruiken om die te integreren in je leven. Wanneer deze vast onderdeel van je routine is, kost het nog maar minimale energie en kun je je wilskracht voor een volgende gewoonte gaan gebruiken.

MOTIVATIE

Niemand is elke dag, de héle dag, gemotiveerd. Motivatie wordt zwaar overschat en is helemaal niet nodig om ook daadwerkelijk actie te ondernemen. Uiteraard is het fijn als je zin hebt om te gaan trainen, maar je kunt ook prima gaan als je een keer wat minder enthousiast bent. Natuurlijk moet je gemotiveerd zijn om bepaalde doelen te halen en is het belangrijk dat je de manier waarop ook leuk vindt. Je elke keer naar een training slepen of dagelijks maaltijden eten die je niet lekker vindt ga je niet lang volhouden. Maar niet alles hoeft altijd alleen maar leuk en gezellig te zijn. Als je wacht tot je 100 procent gemotiveerd bent op een dag dat alle omstandigheden perfect zijn, dan kun je weleens lang moeten wachten. Het perfecte moment, de perfecte omstandigheden; ze bestaan niet. Het is de kunst om jouw moment te pakken. Ondanks de misschien niet perfecte omstandigheden.

Wacht niet op het perfecte moment, pak je moment en maak het perfect. Heb je weinig zin iets uit te voeren, dan vind je altijd wel een reden om het niet te doen. Op die momenten heb je niks aan motivatie. Wat je dan nodig hebt zijn een plan, routines en gewoontes. Waar motivatie stopt, helpen die je verder. Je hoeft nou eenmaal geen zin te hebben om toch in staat te zijn iets uit te voeren. Als je écht iets wilt bereiken, hoeven je gedachten en gevoelens van dat moment niet te matchen met je acties en handelingen. Heb je geen zin of ben je moe? Trek gewoon die sportschoenen aan en ga doen wat je met jezelf had afgesproken toen je je wel gemotiveerd voelde. Ga gewoon trainen, wandelen of hardlopen zonder met jezelf in discussie te gaan of je wel zin hebt en doe het. Echt geen zin? Spreek dan met jezelf af dat je iets korter gaat trainen; grote kans dat als je eenmaal bezig bent het wel fijn voelt en je van de korte sessie toch een langere maakt. Onthoud dat motivatie optioneel is; het is fijn, maar niet nodig.

DE C-WOORDEN

Het geheim van bereiken van wat je maar wilt in het leven zit hem in twee woorden. Die woorden maken het verschil tussen een doel stellen en het ook daadwerkelijk bereiken. Het eerste woord is: *commitment*, toewijding. Het tweede belangrijke C-woord is *consistentie*. Zonder die twee gebeurt er niks. Zoveel mensen roepen dat ze willen stoppen met roken, meer willen sporten, afvallen of gezonder eten. Ergens van dromen, erover fantaseren of uitleggen aan anderen wat je wilt is leuk. Daardoor treed er echter nog geen verandering op. Het is uiteindelijk een kwestie van dóén. Maak met jezelf de afspraak om elke dag een stap in de goede richting van je doel te zetten. Gedraag je alsof je de persoon bent die je wilt worden. *Commitment* en *consistentie* zijn daarbij nodig om door te gaan als het even moeilijk wordt of tegenzit.

Een nieuwe routine in je levensstijl integreren gaat niet vanzelf en heeft tijd en energie nodig. Wat doe je daadwerkelijk om te worden wie je wil zijn of te bereiken wat je wil? Maak afspraken met jezelf zoals je werkafspraken of afspraken met een ander maakt en zet ze ook echt in je agenda. Vaak zie ik dat mensen hun eigen voeding of trainingen minder belangrijk vinden en deze pas inplannen als er 'tijd over' is. Wanneer je zegt dat je geen tijd hebt om te trainen of een gezonde maaltijd te maken zeg je eigenlijk dat je daar geen tijd voor vrij wílt maken. Net zoals je tijd hebt om te werken, te slapen, te douchen, naar het toilet te gaan of je tanden te poetsen maak je ook tijd vrij voor andere dingen die je belangrijk vindt. Geen tijd om te trainen? Dan heeft dat voor jou dus geen prioriteit.

Maak duidelijke afspraken met jezelf wanneer je een nieuwe gewoonte gaat integreren. *Commitment* en *consistentie* doen de rest.

HOE JE DE PERSOON KUNT WORDEN DIE JE WILT ZIJN

Een vriend van me had overgewicht, at ongezond, dronk te veel alcohol en voelde zich allesbehalve fit en energiek. Toen ik hem na lange tijd weer eens zag stond er een andere man voor me; slanker, fitter en energieker. Enthousiast vertelde hij dat hij andere keuzes was gaan maken en nieuwe gewoontes had aangenomen. De dagelijkse fles whiskey had plaatsgemaakt voor smoothies; hij was gaan sporten en zelfs gestart met mediteren. Alles stapje voor stapje, in een rustig tempo. En omdat hij het leuk vond en zich steeds beter voelde was het geen opgave, genoot hij van het proces en het gevoel van het terugwinnen van zijn energie. Hij was gestopt met slechte gewoontes en had zich nieuwe, goede gewoontes eigen gemaakt. Iets wat veel mensen willen maar vaak niet voor elkaar krijgen. Waarom lukt dit zoveel mensen niet, zelfs wanneer ze het heel graag willen en zich in het begin heel erg gemotiveerd voelen? Wat is het geheim van deze man? Het veranderen van gewoontes is om meerdere redenen moeilijk. Eén daarvan is dat we ons in de meeste gevallen richten op wat we willen bereiken. Maar om resultaten te boeken kun je je het beste richten op wie je wilt worden. 'Weet je', vertelde hij mij 'wanneer ik op een feestje ben en iemand biedt me een glas whiskey of bier aan, dan zeg ik: "Nee bedankt, ik drink niet". Als ik namelijk zeg dat ik *gestopt ben* of *aan het stoppen ben* klinkt het nog steeds alsof ik iemand ben die drinkt. Door te zeggen dat ik niet drink is het duidelijk; niet alleen voor anderen maar ook voor mezelf,'
En dat is nu precies de sleutel. Drinken was onderdeel van zijn vroegere leven, maar niet meer van het huidige. Hij ziet zichzelf niet langer meer als iemand die drinkt. De meeste mensen denken aan resultaten die ze willen halen zonder na te denken over hoe ze naar zichzelf kijken. Achter elke handeling zit een overtuiging. Echte gedragsverandering is identiteitsverandering. Besluit wie je wilt zijn en neem de identiteit en gewoontes aan van jouw toekomstige zelf. De eerste stap naar blijvende verandering draait niet om hoe en wat, maar om wie. Wie wil je zijn? Je nieuwe gewoontes gaan je helpen die persoon te worden. Leef het leven van de persoon die je wilt zijn en je wordt hem.

WACHT NIET OP HET PERFECTE MOMENT, PAK JE MOMENT EN MAAK HET PERFECT.

STOP MET HET WILLEN VAN GROTE BELONINGEN EN RICHT JE OP KLEINE STAPPEN.

KLEINE STAPPEN

De verhouding tussen een inspanning die je levert en de beloning die volgt maakt het zo makkelijk slechte gewoontes te ontwikkelen. Je hersenen krijgen na het eten van junkfood of het drinken van alcohol een directe beloning. De korte-termijnbeloning is het goede gevoel dat je op dat moment ervaart. De hoge en directe beloning tegen een lage inspanning zorgen dat je het vaker wilt, waardoor het makkelijk een gewoonte wordt. Wanneer je naar grote doelen kijkt zoals het uitlopen van een marathon of tien kilo afvallen zie je dat de inspanning enorm is, evenals de beloning. De inspanning en beloning lijken dus met elkaar overeen te komen. Inspanning=groot. Beloning=groot. Het probleem is dat er maar één beloning is en die komt pas aan het einde, en alleen als je het doel bereikt. En hier zijn je hersenen de grote spelbreker. Je kunt negen kilo afvallen en toch het idee hebben dat je je doel niet hebt gehaald omdat je er eigenlijk tien kwijt wilde. Je zult dan nog steeds niet helemaal tevreden zijn. Alle trainingen die je gedaan hebt, alle voedingskeuzes die je gemaakt hebt; ze voelen op die manier niet als een succes aan.

De verhouding tussen de inspanning die grote doelen vergen en de beloning die erbij hoort líjken dus wel in verhouding, maar zijn dat in feite niet. En dat is een van de redenen waarom het veel mensen niet lukt hun grote doelen te halen. Kleinere, frequente doelen geven kleine beloningen, maar wel heel vaak. En dat is waar je hersenen goed op reageren; kleine individuele acties die een goed gevoel geven en uiteindelijk succes op lange termijn opleveren. Ons brein wil continu bevestiging en gerustgesteld worden. Is jouw doel een marathon binnen 4 uur te lopen en loop je deze in 4.10 dan voelt het als een falen. Maar train je drie keer per week terwijl het streven was dit minimaal twee keer per week te doen, dan geeft het een goed gevoel. Daarom zijn kleine doelen zo effectief; ze hebben een heel hoge belonings-inspanningsverhouding. Stop dus met het willen van de grote overwinningen en richt je op kleine stappen die je dagelijks en wekelijks maakt.

Natuurlijk is het leuk een bestseller te schrijven, tien kilo af te vallen, een wereldreis te maken of de Olympische Spelen te winnen. Maar het stellen van grote doelen zorgt tegelijkertijd voor de beperking in het behalen ervan. Verander je wensen in kleine winsten. En dat is wat we met het programma in dit boek gaan doen. Wanneer je kleine, consistente overwinningen nastreeft worden ze uiteindelijk grote overwinningen. Kleine stappen zijn veel effectiever. We denken vaak dat we grote, indrukwekkende doelen moeten hebben en dat kleine doelen niet veel voorstellen. We stellen doelen vaak in op onze maximale capaciteit. Maar het gaat erom hoe groot de kans is dat je je doel bereikt.

CONSISTENTIE IS KEY

Consistentie maakt dat je nieuwe gewoonten vormt. Een plan dat zorgt dat je consistent een bepaalde handeling uitvoert, ongeacht hoe je je voelt, zal werken. Alle prestaties starten bij een eerste stap. Er zullen altijd mensen zijn die sneller kunnen lopen dan jij, die getrainder, flexibeler of fitter zijn. Maar als je ergens mee begint, moet je niet proberen om mensen na te doen die al langer bezig zijn dan jij. Hun brein heeft alle verbindingen aangelegd om te kunnen doen wat ze doen; zij hebben al gewoontes en zijn daar consistent in. Als je net ergens mee begint moet je brein nog getraind worden en moeten er nieuwe gewoontes ontwikkeld worden. Kleine stappen werken voor iedereen en zijn de sleutel tot het veranderen van je leven. Je ontwikkelt daarmee krachtige gewoonten die een leven lang meegaan.

HOELANG DUURT HET VOORDAT NIEUW GEDRAG EEN GEWOONTE WORDT?

Onderzoekers van de University College of London onderzochten hoelang het duurt voordat nieuw gedrag een gewoonte is. In zijn algemeenheid duurt het tussen de 18 en 254 dagen; de *sweet spot* lag op een gemiddelde van 66 dagen. Volhouden dus! Belangrijk is om je wil en discipline te richten op één nieuwe gewoonte en jezelf rustig de tijd te geven deze gewoonte te integreren. Bij gedrag waarin wij onszelf ontwikkelen, ontwikkelen de hersenen mee. Voordat nieuw gedrag echt een gewoonte wordt, dien je het vaak genoeg te oefenen en te herhalen. Je hersenen gaan als gevolg van jouw gedragsverandering een nieuw voorkeurspatroon aanleggen. Er is tijd nodig om die nieuwe hersenstructuren te verankeren en samen te laten werken met de al bestaande neurale netwerken. Zodra nieuw gedrag ingesleten is en een gewoonte geworden gaat het automatisch. Het kost je dan niet meer zoveel energie en het lijkt bijna als vanzelf te gaan. Bedenk dat je maar één krachtige, nieuwe gewoonte per keer kunt integreren. Tijd en geduld zijn dus je beste vrienden.

ALS WE SUCCES BIJ
ANDEREN ZIEN, ZIEN
WE VAAK ALLEEN
HET UITEINDELIJKE
RESULTAAT. WAT WE
MEESTAL NIET ZIEN
IS ALLES WAT
DAARAAN VOORAF
GING.

SNEL RESULTAAT

We leven in een maatschappij waar bijna alles maakbaar is en alles in een hoog tempo gebeurt. Het grootste gedeelte van de mensen die starten met goede voornemens stoppen weer met hun nieuwe gewoontes omdat ze geen tastbaar resultaat zien en ongeduldig worden. "Het heeft toch geen zin", of "ik merk niks" wordt er al snel gedacht en men valt weer terug in oude patronen.

James Clear, schrijver van het boek *Elementaire gewoontes* legt het als volgt, heel treffend, uit:

'Stel je voor dat er een ijsklontje op tafel ligt. De kamer is koud en je kunt je adem zien. Het is nu min 7 graden binnen. Heel langzaam warmt de kamer op: -6, -5, -4 – het ijsklontje ligt nog steeds op tafel – -3, -2, -1.Nog steeds gebeurt en niets. Dan wordt het 0 graden. Het ijs begint te smelten. Slechts 1 graad meer, de temperatuur verandert in dezelfde mate als de keren ervoor, maar toch vindt er een grote verandering plaats. Klagen over het feit dat je nog geen succes hebt bereikt hoewel je hard hebt gewerkt, is te vergelijken met klagen over een ijsblokje dat niet wil smelten als je het verwarmt van -7 naar -1. Je werk was niet vergeefs; het wordt gewoon opgeslagen. Alle actie vindt plaats bij 0 graden.'

Als we succes bij anderen zien, zien we vaak alleen het uiteindelijke resultaat en een grote verandering. Wat we meestal niet zien is alles wat daaraan voorafging. In augustus 2019 besloot ik de fitste versie van mezelf te worden en startte ik mijn persoonlijk reis en ontwikkeling. Precies één jaar later, in augustus 2020, was ik 7,3 kilo vetmassa lichter en 3,4 kilo spiermassa zwaarder. Wanneer je de voor- en nafoto's of de getallen ziet, zijn de resultaten groot. Maar die veranderingen en resultaten zijn het gevolg van de nieuwe gewoontes die ik me dag in, dag uit, week in, week uit eigen maakte. In augustus 2020, een jaar nadat ik was begonnen, maakte ik een rekensom. Het gewicht dat ik per week was kwijtgeraakt was 94 gram per week. Nog niet eens één ons. Dat lijkt op het moment zelf geen verschil en zou zomaar de reden kunnen zijn waarom iemand opgeeft. Maar onthoud: alle grote dingen beginnen klein. Ook als er aan de oppervlakte niet veel te zien is kan er onder die oppervlakte zoveel gebeuren waarvan pas veel later de echte waarde duidelijk wordt.

"

ALS JE EET, TRAINT, SLAAPT EN JE GEDRAAGT ALS JE TOEKOMSTIGE ZELF GA JE DE UITKOMST KRIJGEN DIE JE WILT EN ZIJN DE GEWENSTE RESULTATEN DICHTERBIJ DAN JE DENKT.

AAN DE SLAG MET STAP 1

Stel een meetbaar doel

WAAR BEGINT HET MEE?

Wil je andere resultaten dan voorheen, dan moet je het ook anders aanpakken. Het begint bij het stellen van een meetbaar doel. Het programma in dit boek gaat je helpen de fitste en best mogelijke versie van jezelf te worden. Maar hoe ziet die versie eruit? Wat wil jij bereiken? Waarom wil je de fitste versie van jezelf worden, op welke manier en vooral: waarom. Voor iedereen ligt het startpunt anders en ziet het doel er anders uit. 'Ik wil gezonder leven, vaker sporten, fit zijn of afvallen' zijn geen meetbare doelen. 'Ik wil mijn vetpercentage naar een gezond level brengen', 'Ik wil een langere afstand kunnen hardlopen dan ik nu doe' of 'Ik wil weer kunnen spelen met mijn (klein)kinderen zonder buiten adem te raken' is al specifieker. Je kunt er actie op ondernemen en het is meetbaar. Heb je jouw doelen vastgesteld? Schrijf ze op!

'NICE TO HAVE' OF 'MUST-HAVE'?

Een andere reden waarom gewenste resultaten vaak uitblijven is dat je niet echt diep vanbinnen de noodzaak voelt om te veranderen. Wanneer je doelen alleen maar *nice to have* zijn in plaats van een *must-have* heeft het geen zin ergens aan te beginnen. Dit geldt zowel voor doelen die te maken hebben met gezondheid als bedrijfsmatige doelen. Het maakt niet uit hoeveel plannen je maakt; je zult die noodzaak moeten voelen om echte verandering voor elkaar te kunnen krijgen. Voel je geen echte noodzaak? Bespaar jezelf dan de moeite!

DE SLEUTEL OM JE DOELEN TE BEHALEN

Voel jij die noodzaak wel? De sleutel om je, meetbare, doelen te halen is simpelweg te handelen alsof je de persoon bent die je wilt worden. Gedraag je als de persoon die je wilt zijn. Wanneer je je leven, je gewoontes en jezelf wilt veranderen begint het allemaal bij het veranderen van je eigen denken. Veranderen is groter denken dan hoe je je voelt en anders te handelen dan wat voor jou vertrouwd en een onbewuste gewoonte is geworden. Elke keer als je voor een beslissing staat ga je nadenken over wat jouw nieuwe ik zou beslissen. Dus als jouw doel gewichtsverlies is, gaat jouw nieuwe zelf dan die reep chocolade nu helemaal opeten? Of maakt ze op dat moment een andere keuze? Gaat ze trainen op de tijdstippen die gepland zijn of blijft ze op de bank hangen? Wees eerlijk tegen jezelf en denk na over wat je gaat doen om de persoon te worden die je wilt zijn. Door die beslissingen te nemen kom je automatisch dichter bij je doelen: omdat de keuzes die je gaat maken je vooruit zullen helpen.

DEEL JE DOELEN MET MENSEN DIE JE VERTROUWT

Een van de krachtigste manieren om persoonlijke doelen te bereiken is ze te delen met iemand die je vertrouwt, zoals een vriendin of een familielid, en op wiens support je kunt rekenen. Deze persoon kan je helpen en stimuleren door je vooruitgang te checken. Spreek af dat je diegene op de hoogte houdt van je acties en vooruitgang. Afspraken die je maakt met jezelf zijn nooit zo krachtig en bindend als wanneer je ze met iemand anders deelt.

Een mooie bijkomstigheid van het delen van je doelen is dat anderen je kunnen helpen. Niet alleen door te vragen en informeren naar je voortgang maar soms heeft diegene goede tips of kent weer een andere persoon die jou verder kan helpen. Onderschat nooit wat een ander voor je kan betekenen, op welk gebied dan ook. De meeste mensen helpen graag andere mensen; het geeft ons een goed gevoel over onszelf. Aarzel dus niet om hulp te accepteren.

Yeah, you can be the greatest, you can be the best
You can be the King Kong bangin' on your chest
You can beat the world, you can beat the war
You can talk to God, go bangin' on his door
You can throw your hands up, you can beat the clock
You can move a mountain, you can break rocks
Some will call it practice, some will call it luck
But either way you're going to the history book

You can go the distance, you can run the mile
You can walk straight through hell with a smile
You can be a hero, you can get the gold
Breakin' all the records they thought never could be broke
Do it for your people, do it for your pride
How you ever gonna know if you never even try?
'Hall of Fame', Fragment songtekst van The Script

BOEKENTIPS:
ELEMENTAIRE GEWOONTES
- JAMES CLEAR

VOLHARD - ARIE BOOMSMA

PODCAST:
'HOW TO BUILD AWESOME HABITS' - JAMES CLEAR, RICH ROLL PODCAST

'HABIT CHANGE MADE EASY' - RANGAN CHATTERJEE, RICH ROLL PODCAST

HOOFDSTUK 2

Start
met je eerste
maaltijd

STAP 2 ZORG VOOR EEN GOEDE START

Een optimaal voedingspatroon levert de goede
bouwstoffen, zorgt voor meer energie en helpt
je op weg naar de fitste versie van jezelf. Begin
bij het begin; bij je eerste maaltijd van de dag.

"

BREAKFAST BETEKENT
BREAKING YOUR FAST
EN IS DE MAALTIJD
WAARMEE JE JE VASTEN
DOORBREEKT.

EEN GOED ONTBIJT IS NIET HETZELFDE ALS EEN VROEG ONTBIJT.

WAT?

STAP 2: NUTTIG EEN ONTBIJT DAT VOLDOET AAN DE 3 V'S: VEZELS, VOLDOENDE EIWIT EN GEZONDE VETTEN.

Het ontbijt wordt vaak bestempeld als belangrijkste maaltijd van de dag. Nu geloof ik dat de kwaliteit van alle maaltijden belangrijk is, maar het is wel zo dat een goed begin het halve werk is. Het is misschien moeilijk je in te denken dat je ontbijt een belangrijke rol speelt bij het in balans brengen van je hormonen. Toch maakt het een groot verschil wat jouw eerste maaltijd van de dag is. Een goed ontbijt is overigens niet hetzelfde als een vroeg ontbijt. Je *breakfast* (*breaking the fast*) is de maaltijd waarmee je je vasten (je hebt immers een aantal uren geslapen en niet gegeten) breekt. Als mensen horen dat het ontbijt de belangrijkste maaltijd van de dag is, denken ze vaak dat het belangrijk is om kort na het opstaan meteen te eten. Maar een maaltijd waar je je vasten mee breekt is een *fastbreaker* = breakfast = ontbijt; ongeacht hoe laat je die eet. Zolang die eerste maaltijd maar van goede kwaliteit is. Start met het aanpassen van je ontbijt. Schrap de suikers en geraffineerde koolhydraten en begin de dag met een ontbijt dat rijk is aan eiwit, gezonde vetten en vezels.

WAAROM?

Veel mensen denken dat ze gezond ontbijten, terwijl de meeste ontbijtproducten vol suiker zitten. Dit is een slechte start die doorwerkt op de rest van de dag en een grote impact heeft op je gezondheid en energielevel. Een groot deel van onze generatie is opgegroeid met het idee dat ontbijtgranen, yoghurt met smaakjes, muesli, cruesli, brood, crackers en vruchtensappen gezond zijn en een goede manier om je dag te starten. Het probleem is dat deze een *overload* aan koolhydraten en suikers bevatten. Je kunt je dag net zo goed met een dessert beginnen. Door de dag te starten met een koolhydraat- en suikerrijk ontbijt ontstaan er meerdere hormonale en stofwisselingsproblemen

1. JE WORDT EEN SUIKERVERBRANDER

Door je dag te starten met het eten van veel koolhydraten (en dus suikers) schiet je bloedsuikerspiegel omhoog. Daarna volgt de onvermijdelijke dip als je bloedsuikerspiegel na de piek keldert. Dat maakt dat je lichaam al snel weer om nieuwe suikers gaat vragen waardoor je in een vicieuze cirkel terechtkomt. Het gevolg is dat je lichaam alleen nog maar in een suikerverbranding zit en niet meer goed in vetverbranding kan komen. Je wordt steeds afhankelijker van suiker als energiebron en daarmee wordt je metabolisme minder flexibel.

Veel mensen eten zonder het te beseffen dagelijks meer dan twintig suikerklontjes. Eén suikerklontje staat gelijk aan 4 gram suiker. Het WHO adviseert om niet meer dan 50 gram vrije suikers per dag te eten. Het advies gaat over de vrije (toegevoegde) suikers in producten en staat gelijk aan 12½ klontjes suiker... De koolhydraten die in groente, fruit en zuivel zitten worden daar dus niet in meegerekend. Ondanks dat dit hele grote hoeveelheden zijn en minder altijd beter is, eet 60 procent van de volwassenen en zelfs 90 procent van de kinderen in Nederland meer dan die maximale hoeveelheid. Gemiddeld eten we 17 suikerklontjes per dag, wat omgerekend neerkomt op 25 kilo vrije suikers per jaar. Een groot probleem is dat veel mensen niet beseffen dat alle bewerkte producten suikers bevatten. Zelfs vleeswaren en groente in blik of pot. Drink je een glas sinaasappelsap bij je ontbijt? Dat bevat gemiddeld al 16 gram suiker, wat al vier suikerklontjes oplevert. Eet je diezelfde ochtend cruesli of granola in je yoghurt of melk, dan komen er gemiddeld nog eens vier suikerklontjes bij. En zo zit je bij het ontbijt al ruim over de helft van de door de WHO maximaal aanbevolen hoeveelheid.

2. STRESS EN UITPUTTING VAN DE BIJNIEREN

Afhankelijkheid van koolhydraten en de daarmee gepaard gaande schommelingen in je bloedsuikerspiegel betekent pure stress voor je lichaam. Om weer uit een suikerdip te komen maakt je lichaam onder andere cortisol aan. Cortisol is één van de belangrijkste *fight-flight* hormonen die door de bijnieren geproduceerd worden als reactie op stressoren, of stressfactoren, in onze omgeving. En laat één van die stressfactoren nou een lage bloedsuikerspiegel zijn. Als reactie daarop geeft je brein een seintje aan de bijnieren om cortisol te produceren zodat je lichaam in paraatheid wordt gebracht om voedsel te zoeken. Eigenlijk is cortisol een overlevingshormoon dat ervoor zorgt dat we in actie komen wanneer dat nodig is. Maar zoals wij eten en leven is er vaak sprake van chronisch verhoogde cortisolaanmaak. Dit veroorzaakt vroegtijdige veroudering, een droge huid, stemmingswisselingen, gewichtstoename en vermoeidheidsklachten.

Het overgrote deel van de vrouwen boven de 35 heeft overwerkte bijnieren met hormonale klachten zoals PMS en overgangsklachten als gevolg. Vrouwen met een cortisoldeficiëntie, veroorzaakt door uitputting van de bijnieren of een daling van de cortisolspiegel na langdurige stress of slechte voeding, vertonen menstruele stoornissen en kampen met vermoeidheidsklachten. Overgangsklachten zijn veelal het gevolg van overbelaste bijnieren door een jarenlange opeenstapeling van stressoren. Suikerdips verzwakken de bijnieren steeds verder, wat de klachten verergert.

3. SLAAPPROBLEMEN

Een schommelende bloedsuikerspiegel en de daarmee gepaard gaande cortisolpieken kunnen je wakker houden 's nachts. Soms lukt inslapen wel maar word je later in de nacht weer wakker doordat je cortisolspiegel te hoog blijft. Verandering van je ontbijt is de eerste stap naar het in balans brengen van je hormonen en kan daarmee significant je slaap verbeteren.

HOE?

Vanaf nu ga je je ontbijtbord of -kom volladen met vezels, eiwit en gezonde vetten. Dit zorgt voor meer energie, betere verzadiging, voorkomt suikerafhankelijkheid en houdt je hormonen in balans. Vanaf nu schrap je graanproducten en suikers uit je ontbijt en start je je eerste maaltijd meteen met een combinatie van:

1. OPLOSBARE VEZELS UIT:

ALLE SOORTEN FRUIT
(VERS EN/OF DIEPGEVROREN)

Ook al bevatten bepaalde fruitsoorten meer suikers dan andere; hier maak je geen onderscheid. Het belangrijkste is dat je varieert in kleur en soort. Alleen maar appels en bananen eten is geen goed idee. Niet omdat ze veel suikers bevatten maar omdat het te eenzijdig is. Varieer tussen verschillende soorten en kleuren en maak vooral ook gebruik van aardbeien, bramen en bessen als deze in het seizoen zitten. Buiten het seizoen is diepvriesfruit een uitkomst, maar daarnaast is het sowieso fijn om altijd wat diepvriesfruit op voorraad te hebben.

EN/OF GROENTE
(VERS EN/OF DIEPGEVROREN)

Varieer in soort en kleur. Gebruik bladgroenten, stengels, knollen, kruisbloemige groenten en profiteer van alle unieke voordelen en eigenschappen die elke soort heeft.

2. EEN EIWITBRON:

- **EI (BIOLOGISCH; BIJ VOORKEUR BIJ EEN LOKALE BOER VANDAAN, WAAR DE KIPPEN VRIJ RONDSCHARRELEN)**
- **YOGHURT OF KWARK**
- **VIS**
- **TOFU OF TEMPEH**
- **PLANTAARDIGE PROTEÏNEPOEDER**

3. GEZONDE VETTEN:

- **AVOCADO**
- **CACAO**
- **CHIAZAAD**
- **EI**
- **HENNEPZAAD**
- **KOKOSPRODUCTEN (GEFERMENTEERDE PURE KOKOSYOGHURT ZONDER TOEVOEGINGEN, KOKOSOLIE, KOKOSCHIPS, GERASPTE KOKOS, KOKOSWATER)**
- **MCT-OLIE**
- **ONGEBRANDE NOTEN**
- **OLIJFOLIE**
- **VETTE VIS ZOALS ZALM**
- **PURE NOTENBOTERS/NOTENPASTA'S**
- **PINDAKAAS ZONDER TOEVOEGINGEN**
- **PITTEN**
- **ZADEN**

Daarnaast kun je je eerste maaltijd eventueel nog 'upgraden' door het toevoegen van adaptogene kruiden en specerijen zoals maca en ashwaganda. Dit is geen must en absoluut niet noodzakelijk, maar kan soms net een extra zetje in de goede richting geven waar nodig. Adaptogene kruiden helpen bij het in balans brengen van je lichaam door de stressrespons (van het lichaam) te verminderen. Ze ondersteunen het lichaam bij het omgaan met fysiologische, biochemische en psychologische stressfactoren, inclusief veranderingen die optreden tijdens de peri- en postmenopauzale jaren. Om te voorkomen dat je door de bomen het bos niet meer ziet beperk ik me tot mijn twee favoriete adaptogene kruiden die hormonale problemen kunnen helpen verminderen en je weer in je kracht zetten.

ASHWAGANDA

Ashwaganda wordt ook wel de Indiase ginseng genoemd en is een adaptogeen kruid dat al duizenden jaren wordt gebruikt, onder andere in de ayurveda. Het wordt gebruikt voor het geven van meer energie en tegen slapeloosheid. Ashwaganda is weerstandsverhogend, stressverlagend en prestatiebevorderend. Ook kan het de werking van schildklierhormonen op een veilige en effectieve wijze verhogen.

MACA

Maca (*Lepidium meyenii, peruvianum*, wortel) is een hoog in het Andesgebergte groeiend Peruviaans knolgewas dat behoort tot de knolgewassen van de familie *Brassicaceae*. Mede vanwege de uitwerking op energie, uithoudingsvermogen, libido en vitaliteit is Maca ook bekend onder de naam 'Peruviaanse ginseng', of 'ginseng van de Andes'. De Maca is de enige eetbare plant die onder extreme weersomstandigheden en op een hoogte tussen de 3000 en 4000 meter kan overleven. De wortels van de plant zijn zeer voedzaam en worden al duizenden jaren door de plaatselijke bevolking bij bijna elke maaltijd gebruikt.

De macawortel staat er om bekend dat het hormonen in balans brengt, energie verhoogt en het libido verbetert. Het helpt bij de opbouw van het uithoudingsvermogen, een gezond immuunsysteem en zorgt voor een gezonde huid. De plant heeft antidepressieve eigenschappen en onder stressvolle omstandigheden bevordert het ook de homeostase (evenwicht) in het lichaam.

MCT-OLIE

MCT is een afkorting voor *Medium Chain Triglycerides*, ofwel middellange keten triglyceriden. Middellange keten vetzuren worden sneller opgenomen en omgezet in energie dan vetten met een langere keten. MCT olie is het deel van kokosolie dat vloeibaar blijft bij kamertemperatuur. Het heeft een neutrale smaak en kan zowel koud als warm gebruikt worden.

ADAPTOGENE KRUIDEN HELPEN BIJ HET IN BALANS BRENGEN VAN JE LICHAAM DOOR DE STRESSRESPONS TE VERMINDEREN.

HOOFDSTUK 3

Meten is weten

STAP 3

BEPAAL JE OPTIMALE ENERGIE-INNAME

Heeft een van jouw doelen te maken met het volgende?

• vetverlies
• spiergroei
• gewichtsbeheersing

Dan is het aan te raden de inname van je energie (de voeding die je dagelijks tot je neemt) nader te bekijken. Hoeveel calorieën heb je dagelijks nodig om die doelen op lange termijn te behalen? Zit je op een voor jou optimaal gewicht en ben je helemaal tevreden met je lichaamssamenstelling? Dan kun je het gedeelte over calorie-inname overslaan.

"

OM DE FITSTE VERSIE VAN
JEZELF TE WORDEN IS HET
NIET NOODZAKELIJK OM
CALORIEËN TE TELLEN. MAAR
OF JE NOU WEL OF NIET JE
CALORIEËN TELT, JE CALORIEËN
TELLEN WEL MEE.

WAT?

STAP 3: BEPAAL JOUW OPTIMALE ENERGIE-INNAME. WAT IS JOUW GEMIDDELDE DAGELIJKSE CALORIE-BEHOEFTE?

IS HET NOODZAKELIJK OM CALORIEËN TE TELLEN?

Om de fitste versie van jezelf te worden is het niet noodzakelijk om calorieën te tellen.

Om je lichaamssamenstelling te veranderen is het niet noodzakelijk om calorieën te tellen

Maar of je nou wel of niet je calorieën telt, je calorieën tellen wel mee.

WAAROM?

GEWICHTSTOENAME NA JE 35E

Een groot gedeelte van de vrouwen kampt met overgewicht en het lijkt vaak wel alsof het met het stijgen van de jaren steeds moeilijker wordt overtollig lichaamsvet weer kwijt te raken.

Na je 30e, maar zeker in de perimenopause (de periode vóór de menopauze, wanneer er een verschuiving komt in je maandelijkse cycli) en in de menopauze (wanneer het langer dan twaalf maanden geleden is dat je voor het laatst menstrueerde) lijkt gewichtstoename voor veel vrouwen een onvermijdelijk gevolg van ouder worden.

Vooral het gevreesde, koppige buikvet lijkt er langzaam maar zeker aan te kruipen. Dat ongewenste symptomen zoals overgewicht horen bij de overgang van je vruchtbare jaren naar een nieuwe levensfase is een misvatting die niet op feiten is gebaseerd. Hormonale disbalans en de bijbehorende symptomen zijn een afwijking, veroorzaakt door verschillende omgevings-en leefstijlfactoren.

Feit is dat de helft van de Nederlandse vrouwen in de leeftijd van van 30-65 jaar te zwaar is. Hoe hoger de leeftijd; hoe meer vrouwen overgewicht hebben. Met het stijgen van de leeftijd stijgt dus in veel gevallen ook het gewicht.

Volgens het CBS had in 2020 42,1 procent van de vrouwen in de leeftijd van 30-40 jaar overgewicht. In de leeftijdsgroep 40-50 jaar was dat 47,6 procent; voor vrouwen van 50-55 jaar was dat 51,3 procent en voor vrouwen 55-65: 57,7 procent

Maar ook al zien we de cijfers stijgen met het stijgen van de leeftijd; dit is niet alleen maar de schuld van veranderende hormonen of de overgang. Dit is niet iets waar je geen invloed op hebt. Zoals je ziet in de tabel hiernaast speelt de tijd waarin we leven een grote rol.

OVERGEWICHT BIJ VROUWEN

	1981	2020
Vrouwen 30-40 jaar	17,5%	42,1%
Vrouwen 40-50 jaar	31,5%	47,6%
Vrouwen 50-55 jaar	42,8%	51,3%
Vrouwen 55-65 jaar	45,2%	57,7%

(Bron: CBS)

VAN GEZOND ETEN EN NIET SNOEPEN VAL JE NIET AF.

Een grote misvatting over afvallen is dat training de belangrijkste, bepalende factor is. Hoe hard en hoe vaak je ook traint, als je je voeding niet aanpast behaal je nooit de gewenste resultaten. *'Abs are made in the kitchen'* mag een flauwe quote lijken, er zit wel een kern van waarheid in! Je kunt bewegen en trainen wat je wilt; als je spieren verscholen gaan onder een laagje vet, is voeding de enige manier om dat vet te laten verdwijnen. Hoe vaak iemand mij al niet vertelde dat ondanks gezond eten, niet snoepen en veel sporten afvallen maar niet lukt... Wanneer ik vervolgens vraag naar de dagelijkse caloriebehoefte en -inname krijg ik meestal een verbaasde blik. Maar waar een paar dagen 'even opletten' en niet snoepen genoeg kan zijn rond je 20e tot 30e, is er na je 35e meer nodig om overtollig lichaamsvet kwijt te raken. Vet verliezen of op gewicht blijven lijkt soms lastiger wanneer je ouder wordt en dat klopt. Maar om andere redenen dan je denkt. En dat je er meer moeite voor moet doen maakt het nog niet onmogelijk.

VAN GEZOND ETEN EN NIET SNOEPEN VAL JE NIET AF

Er zijn boeken vol geschreven over alle mogelijke hormonale disbalansen en afwijkingen die de oorzaak zouden kunnen zijn van overgewicht. En er is inderdaad een groep vrouwen die daar mee te maken heeft. Hormonen zoals insuline en cortisol zijn van invloed op vetopslag; veranderende hormonen tijdens verschillende leeftijdsfases ook. Net zoals wat en wanneer je eet; hoe je slaapt en nog veel meer. Maar dit soort factoren spelen pas een rol wanneer er ook sprake is van een energieoverschot; dus als er meer brandstof (calorieën) binnenkomt dan dat er verbrand wordt. 'Maar ik eet heel gezond!', of 'Ik snoep helemaal niet' hoor ik keer op keer. Fijn als je je daar goed bij voelt, maar dat is helaas niet genoeg om overtollig lichaamsvet kwijt te raken. Wat meteen een pleidooi is om jezelf niet allerlei restricties op te leggen. Dat zorgt er alleen maar voor dat je een voedingspatroon niet lang volhoudt. Heel gezond eten en nooit meer snoepen zorgen niet dat je gaat afvallen als je rond je caloriebehoefte eet.

DE VOORWAARDE VOOR VETVERLIES

Stel dat jouw dagelijkse calorieverbruik rond de 1800 calorieën ligt (vaak wordt 2000 calorieën als gemiddelde voor een vrouw genomen, maar bij veel vrouwen ligt het werkelijke energieverbruik lager). Om lichaamsvet te verliezen heb je een langdurig tekort nodig. Voor een verlies van 0,5 kilo lichaamsvet heb je een tekort van 4130 calorieën nodig! Laat dit getal even goed tot je doordringen: 500 gram lichaamsvet kost je 4130 calorieën. Daar moet je serieus voor aan de slag. Het betekent dat als je in één week tijd een halve kilo lichaamsvet wilt verliezen je gedurende 7 dagen een tekort van 590 kcal nodig hebt... Voor de gemiddelde 35+-vrouw betekent dat een week lang een dagelijkse calorie-inname van 1210. Smeer je het over tien dagen uit, dan betekent het een dagelijks tekort van 413 calorieën, oftewel een dagelijkse calorie-inname van 1387 calorieën.

KIJK ALS EERSTE NAAR JE CALORIEVERBRUIK EN -INNAME

Met gezond eten, niet snoepen en meer sporten alleen kom je er dus niet. Wanneer je rond je energiebehoefte eet gebeurt er qua vetverlies niks. De werkelijke calorie-inname wordt meestal onderschat, terwijl extra calorieverbruik door activiteit en training vaak zwaar wordt overschat. En nu je bovenstaande rekensom gezien hebt, zie je ook meteen dat, zelfs als je in een calorietekort zit, je niet 'even' in een paar dagen wat lichaamsvet kwijtraakt. Consistentie en geduld zijn essentieel. Wil je vet verliezen, ga dan als eerste serieus aan de slag met je caloriebehoefte en het bijhouden van wat en hoeveel je eet. Pas als je dat weet kun je daadwerkelijk in de keuken gaan werken aan die abs.

Heb je nog nooit je calorie-inname bijgehouden en lukt het maar niet je lichaamssamenstelling succesvol te verbeteren? Dan is dit het moment om daar mee te beginnen. Een tijdje alles wat je eet en drinkt bijhouden geeft veel inzichten. Het moment dat ik daar serieus mee aan de slag ging was in ieder geval een echte eye-opener. Ook van gezond eten kun je te veel eten. Het zal je waarschijnlijk verbazen wat je daadwerkelijk eet of hoeveel we op een dag onbewust in ons mond stoppen. De meeste mensen onderschatten de hoeveelheid calorieën die ze consumeren; soms wel met 500-1000 calorieën PER DAG. Wanneer het onmogelijk lijkt om lichaamsvet te verliezen is dat het eerste waar je naar wilt kijken. De makkelijkste manier om dat te doen is in een app zoals Yazio of MyFitnessPal.

500 GRAM LICHAAMSVET KOST JE 4130 CALORIEËN

Het is soms makkelijker de schuld te geven aan factoren die buiten jouw invloed lijken te liggen zoals je hormonen of leeftijd dan om de waarheid onder ogen te zien. In de meeste gevallen eten we gewoon meer dan we verbranden. Dat je niet meer dezelfde hoeveelheden kunt eten als toen je jonger was klopt. Zijn het onze hormonen of is het een vertraagde stofwisseling? In zekere zin wel, maar op een andere manier dan je denkt. Onze spiermassa neemt af en we bewegen ongemerkt minder. Als je dan hetzelfde blijft eten als voorheen is gewichtstoename inderdaad onvermijdelijk. Maar onvermijdelijk is niet hetzelfde als onontkoombaar. Als je eerlijk wilt zijn naar jezelf en de oorzaak aan wilt pakken bij de wortel, begin dan met deze eerste stap. Pas als dat niet de gewenste resultaten geeft kun je kijken of er andere oorzaken zijn van je gewichtsproblemen. Het goede nieuws is: ook daar kun je in de meeste gevallen invloed op uitoefenen. Welk voedingspatroon je ook volgt; vegan, low-carb, ketogeen, paleo of wanneer je aan intermittent fasting doet, de calorieën tellen altijd mee. Met elk voedingspatroon kun je afvallen of aankomen. Gewicht verliezen is zelfs mogelijk als je elke dag alleen maar fastfood zou eten. Zolang je maar minder calorieën eet dan dat je verbrand. Calorie-inname is een randvoorwaarde om wel of niet succesvol lichaamsvet te verliezen, de invulling ervan bepaalt uiteindelijk het succes op lange termijn.

MINDER IS NIET BETER

Let op: minder is niet beter! Wanneer je te weinig gaat eten in de hoop sneller vet te verliezen is de kans groot dat je:

- NIET ALLEEN VET MAAR OOK KOSTBARE SPIERMASSA ZULT VERLIEZEN
- TE WEINIG VOEDINGSSTOFFEN BINNENKRIJGT WAARDOOR JE MINDER ENERGIE HEBT
- HET NIET LANG VOLHOUDT

Focus op consistentie en kwaliteit. Het is niet de bedoeling om zo min mogelijk te eten. Om vet te verliezen wil je slim eten. Zo goed en zo veel mogelijk terwijl je wel in een calorietekort blijft.

VERKEERDE KEUZES

Veel mensen maken helaas de verkeerde keuzes wanneer ze hun calorie-inname gaan bijhouden. Minder is in dit geval niet beter.

Denkfouten die vaak gemaakt worden:

1. JE DENKT DAT JE WEINIG MOET ETEN OM SUCCESVOL AF TE VALLEN.
2. HOE MINDER JE EET; HOE SNELLER HET GAAT.
3. DOOR VOEDING MET WEINIG CALORIEËN VAL JE AF.

MISVERSTAND 1:

JE DENKT DAT JE WEINIG MOET ETEN OM SUCCESVOL AF TE VALLEN.

DE WAARHEID:

HET GAAT NIET OM WEINIG OF ZO MIN MOGELIJK ETEN.

Er zit een limiet aan de hoeveelheid vet die je kunt verliezen per week. Crashdiëten waarbij je in korte tijd veel gewicht verliest zorgen dat je gewicht afneemt. Maar wanneer je te weinig eet, en niet traint, verlies je ook spiermassa. En verlies van spiermassa zorgt dat je verbranding omlaag gaat. Dit maakt dat je in een vicieuze cirkel terechtkomt. Wanneer je weer 'normaal' gaat eten kom je sneller aan doordat je verbranding omlaag is gegaan (door het verlies van spiermassa). Daardoor eindigen de meeste mensen na een dieet altijd zwaarder dan toen ze begonnen.

MISVERSTAND 2:

HOE MINDER JE EET, HOE SNELLER HET GAAT.

Het gaat niet om zo min mogelijk eten, maar om het binnenkrijgen van de goede voedingsstoffen en, wanneer je vet wilt verliezen, net onder je caloriebehoefte te gaan zitten. Dus genoeg om vet te verliezen maar ook genoeg om wel je spiermassa te behouden, of beter nog: spiermassa erbij te laten groeien.

MISVERSTAND 3:

DOOR VOEDING MET WEINIG CALORIEËN
VAL JE AF.

Bij het tellen van calorieën wordt vaak ten onrechte vetrijke voedingsmiddelen zoals avocado, olijfolie en noten vermeden. In het ergste geval worden deze dan ook nog vervangen door 'magere' en lightproducten. Terwijl gezonde vetten essentieel zijn als je af wilt vallen.

Het is uiteraard niet de bedoeling dat je je hele leven calorieen blijft tellen. Je gaat werken aan een duurzame levensstijl met een voedingspatroon dat past binnen jouw leven. Een leven met sociale contacten, etentjes, uitjes, een gezinsleven, een baan en/of andere bezigheden. Of je nu een drukke baan hebt, een groot gezin, veel sociale verplichtingen; je voedingspatroon moet daar uiteindelijk in passen. Om dat te bereiken zul je eerst meer inzicht moeten krijgen. Dan kun je aanpassingen gaan maken en nieuwe gewoontes creëren om op die manier een voedingspatroon te ontwikkelen dat past bij jouw behoeftes, doelen en leven. Je nieuwe voedingspatroon is er in dienst van jou; niet andersom.

Uit ervaring weet ik dat het grootste gedeelte van vrouwen van 35 jaar en ouder niet tevreden is met hun lichaam en in de meeste gevallen graag vet wil verliezen. In 2020 had 50 procent van de Nederlanders van 18 jaar en ouder overgewicht. In dit boek ga je leren hoe je op een gezonde, verantwoorde manier vet kunt verliezen met blijvende resultaten en met een positief effect op je energieniveau, je lijf, geest en hormonen. Een resultaat waar je gezond en fit oud(er) mee kunt worden. Het tellen van calorieën is er om je inzicht te geven in hoeveel je lichaam op dit moment, in jouw levensfase, nodig heeft om optimaal te presteren. Het is een tijdelijke tool die je veel zal brengen. Uiteindelijk kun je weer intuïtief en op gevoel gaan eten. Maar om dat te kunnen doen ga je eerst langere tijd exact bijhouden wat en hoeveel je eet. Pas als je

JE NIEUWE
VOEDINGSPATROON
IS IN DIENST VAN
JOU. NIET
ANDERSOM

dat gedurende langere tijd hebt gedaan krijg je een idee van hoeveel je werkelijk eet, wat een geschikte portiegrootte is en hoeveel je moet eten om succesvol af te vallen, aan te komen of op gewicht te blijven. Daar gaat vooral in het begin wat extra tijd in zitten. Maar om af te vallen MOET je langere tijd in een calorietekort zitten. Je zult consistent moeten zijn; dag in, dag uit. En dit luistert nauw. Zo nu en dan zijn er weer cliënten die, tegen beter weten in, niet hun calorieën bijhouden en denken het op gevoel te kunnen gaan doen. En keer op keer zie ik dat zij niet de resultaten boeken van de cliënten die consistent wél bijhouden hoeveel calorieën ze binnenkrijgen. Zonde, want op die manier ben je er veel langer, en zonder de gewenste resultaten, mee bezig.

RESULTATEN

Als je het een tijdje wel op die manier doet merk je hoe simpel (niet makkelijk) het is om vet te verliezen. Er is nou eenmaal geen quick fix of een magisch dieet waarmee je binnen een of twee weken je droomfiguur krijgt. Je zult geduld moeten hebben, ervoor moeten werken en consistent zijn in wat je doet. En daar hoort het bijhouden van je calorie-inname bij. Niet voor de rest van je leven; maar wel voor langere tijd. Hoe eerder je start met de bewustwording van wat en hoeveel je eet; hoe sneller je resultaten boekt. Vet verliezen of de fitste versie van jezelf worden gaat niet over jezelf van alles ontzeggen. Je kunt genieten van een dessert, stuk taart of frites met mayo. Er is niks wat je niet 'mag'. Je kunt alles eten wat je wilt en nog steeds vet verliezen, zo lang je maar weet hoe dat in je voedingspatroon in te passen. Daarvoor heb je eerst inzicht nodig in je caloriebehoefte, dus wat jouw lichaam verbruikt en wat je kunt eten om succesvol invloed uit te oefenen op je lichaamssamenstelling.

HOE?

BEREKEN JE CALORIEVERBRUIK EN – INNAME IN 3 STAPPEN

STAP 1:
BEPAAL JE BMR, JE BASAALMETABOLISME MET BEHULP VAN DE MIFFLIN-ST JEOR-VERGELIJKING:

MANNEN:
(10 × gewicht in kg)
+ (6,25 × lengte in cm)
- (5 × leeftijd in jaren)
+ 5

VROUWEN:
(10 × gewicht in kg)
+ (6,25 × lengte in cm)
- (5 × leeftijd in jaren)
- 161

STAP 2:
BEPAAL JE TDEE, JE TOTALE DAGELIJKSE ENER-GIE VERBRUIK DOOR JE BMR TE VERMENIGVUL-DIGEN MET DE KATCH-MCARDLE-VERMENIGVUL-DIGERS:

- Sedentair (weinig tot geen lichaamsbeweging, werk aan een bureau) = 1,2
- Licht actief (lichte training 1-3 dagen per week of bijvoorbeeld meerdere keren per dag de hond uitlaten, fietsen naar je werk, etc) = 1,375
- Actief (3-5 dagen keer per week trainen en bewegen of een baan waarbij de het grootste gedeelte van de dag op de been bent zoals een personal trainer of in de horeca) = 1,55
- Zeer actief (zware inspanning 6-7 dagen per week of manuele arbeid zoals een bouwvakker) = 1,725
- Extreem actief (zware training 2x per dag) = 1,9

Onderstaande tabel is ook een handig hulpmiddel om je activiteitsniveau te bepalen:

ACTIVITEITSNIVEAU	STAPPENAANTAL
Sedentair	< 7,500
Licht actief	7,500 - 9,999
Actief	10,000 - 12,500
Zeer actief	> 12,500 met intensieve beweging

STAP 3:
BEPAAL JE STREEFGEWICHT EN BEREKEN HOELANG JE
NODIG HEBT OM DAT GEWICHT TE BEHALEN.

Trek je streefgewicht af van je huidige gewicht
Bijvoorbeeld: 75 kilo - 65 kilo= 10 kilo
Neem het benodigde gewichtsverlies in kg (In dit geval 10) en
vermenigvuldig dat met 2.
Bijvoorbeeld: 10 x 2 = 20 weken om je streefgewicht te
bereiken.

Wat wordt je dagelijkse calorie-inname om op een gezonde, duurzame manier lichaamsvet te verliezen? Over het
algemeen*) is niet aan te raden om meer dan 1 kilo vet per
week te verliezen. Vaker wel dan niet, wanneer het gewichtsverlies meer dan 2 pond in een week bedraagt, is het grootste
deel daarvan waterverlies, maar is er ook het risico op verlies
van spiermassa. Houd in gedachten dat er een limiet zit aan
hoeveel lichaamsvet je per week kunt verliezen. Gaat het te
snel dan verlies je niet alleen lichaamsvet. Een mooi streven
is om maximaal 1-2 pond per week te verliezen. Wanneer je
op een dagelijks calorietekort van 400 calorieën per dag gaat
zitten, zal een gemiddelde persoon in ongeveer 10 dagen een
pond lichaamsvet verliezen. Ben je actiever, dan kan het iets
sneller gaan.

Het combineren van lichaamsbeweging met een licht calorietekort is de beste interventie om verlies van lichaamsvet
te maximaliseren! Krachttraining en of weerstandstraining
in combinatie met eiwitrijke voeding zorgt dat je spiermassa
behouden blijft terwijl je vet verliest.

*) Mensen met morbide obesitas
vormen hierop een uitzondering. In dat
geval is het van levensbelang om zo
snel mogelijk lichaamsvet te verliezen.

HOOFDSTUK 4

Beweging

STAP 4

GA MEER BEWEGEN

Uiteindelijk is je energiebalans (dus de verhouding tussen energie die erin komt en die verbruikt wordt) een eerste voorwaarde voor het behalen van doelen die te maken hebben met verandering in lichaamssamenstelling. De energiebalans is leidend.

"

ER IS MAAR EEN KLEIN
GEDEELTE VAN DE VROUWEN
BJI WIE ER DAADWERKELIJK
SPRAKE IS VAN EEN
DUSDANIGE VERSTORING
VAN HUN STOFWISSELING DAT
HET BIJNA ONMOGELIJK IS
OM AF TE VALLEN.

WAT?
VERHOOG JE NEAT

WAAROM?
CALORIE-INNAME VERSUS VERBRUIK

Als je vet wilt verliezen en weet hoe je je calorie- inname kunt berekenen is het tijd om te kijken naar je energiever- bruik. Veel vrouwen nemen aan dat hun stofwisseling aan het vertragen is als ze ouder worden. Ze komen aan terwijl ze hetzelfde eten als een aantal jaren geleden. Er is echter maar een heel, heel klein gedeelte van de vrouwen waarbij er daadwerkelijk sprake is van een dusdanige verstoring van hun stofwisseling dat het bijna onmogelijk is om af te vallen. In alle andere (bijna alle) gevallen zijn het niet de hormonen of de leeftijd die de oorzaak zijn van ongewenst gewichtstoe- name. Indirect is het wel de stofwisseling die vertraagt, maar om een andere reden dan we denken. De twee belangrijkste redenen zijn afname van onze spiermassa na het 35e levens- jaar en een verminderde NEAT. In plaats van een paar uur per week te besteden aan intensieve workouts is het veel makke- lijker om effectief en aanhoudend gewichtsverlies te bereiken door middel van simpele dagelijkse bezigheden.

WAT IS JE TOTALE DAGELIJKSE ENERGIE- VERBRUIK (TDEE)

De totale hoeveelheid calorieën die je lichaam dagelijks verbruikt is je TDEE (*Total Daily Energy Expenditure*). Deze is opgebouwd uit verschillende onderdelen: TDEE= BMR+ TEF+ NEAT+EAT

NEAT STAAT VOOR *NON EXERCISE ACTIVITY THERMOGENESIS*

Voor een nauwkeurige bepaling van je spier-en vetmassa en ruststofwisseling kun je ook een professionele meting laten doen zoals een DEXA-scan of Inbody meting.

• **BMR** (*Basal Metabolic Rate*) of je rustverbranding (Basaal Metabolisme) is 55-65 procent van het totale aantal calorieën dat je dagelijks verbrandt. Dit is wat je lichaam verbruikt om in leven te blijven; om te ademen, het bloed rond te pompen en je hart te laten kloppen. Het is wat je lichaam verbrandt, ook al zou je een dag helemaal niks doen en stil in bed liggen.

• **TEF** (*Thermic Effect of Food*), het thermisch effect van voeding is 5-15 procent van de energie die je lichaam nodig heeft bij het verteren en verwerken van voeding en water. Ja, je leest het goed; door te eten en drinken verbrand je ook calorieën.

• **NEAT** (*Non Exercise Activity Thermogenesis*) alle dagelijkse bewegingen buiten je trainingen om. Deze kan per persoon variëren van 15 procent bij weinig activiteit tot wel 50 procent bij heel actieve personen.

• **EAT** (*Exercise Activity Thermogenesis*); je trainingen en workouts.

Voorbeeld: Een vrouw met een rustverbranding van 1200 calorieën (BMR) verbrandt 200 calorieën per dag om de voeding te verteren die ze eet (TEF). Stel, ze gaat met haar auto naar het werk; zit de hele dag achter de computer, gaat met de auto weer naar huis gaat en zit vervolgens de hele avond op de bank televisie te kijken. Haar NEAT zal niet hoger dan 300 calorieën zijn, waarmee haar dagelijkse calorieverbruik niet boven de 1700 calorieën komt. Wanneer ze echter in de ochtend met haar hond wandelt; op de fiets naar haar werk gaat, tijdens haar werk veel staat of loopt, op de fiets naar huis gaat en thuis nog wat klusjes in huis doet is dat een NEAT van wel 600 calorieën, waarmee haar dagelijkse verbranding op 2100 calorieën zit. Een dagelijks verschil van 400 calorieën maakt in tien dagen een verschil van 4000 calorieën, wat precies het tekort wat nodig is om 1 pond lichaamsgewicht te verliezen.

DE WAARHEID OVER JE ACTIVITEITEN

'Maar wacht even. Ik train drie keer per week een uur en ben dus heel actief!' Nu is het uiteraard altijd goed om te trainen, maar een paar uurtjes trainen in de week kan nooit een zittend bestaan compenseren. Het gemiddelde aantal calorieën dat wordt verbrand door iemand met een lichaamsgewicht van 70 kilo tijdens een uur op de crosstrainer is ongeveer 368 calorieën (Dit is een gemiddelde en niet extreem nauwkeurig, aangezien iedereen zal verschillen op basis van unieke factoren zoals vetvrije massa, BMR, enzovoort.).De meesten van ons zullen niet een uur lang nonstop aan lichaamsbeweging doen. Dus stel je bent een vrouw van 70 kilo en je stapt 30 minuten op de crosstrainer, dan verbrand je misschien maar 184 calorieën. Dat is ongeveer de hoeveelheid van 25 gram walnoten of 2 eetlepels pindakaas. We overschatten vaak de hoeveelheid calorieën die we extra verbranden door workouts. Wanneer het ook nog eens hele intensieve workouts zijn, zijn we ook nog eens geneigd (onbewust) om meer te gaan eten, waardoor je aan de eindstreep meer calorieën binnen krijgt dan dat je verbrand hebt met de workouts. Daarnaast is het energieverbruik van

EEN PAAR UUR
PER WEEK NAAR DE
SPORTSCHOOL IS
GEEN COMPENSATIE
VAN ALLE ANDERE
WAKKERE UREN IN
EEN WEEK DIE
JE ZITTEND
DOORBRENGT

activity trackers, fitbits of cardio-apparatuur niet nauwkeurig en geven ze in de meeste gevallen een hoger energieverbruik aan dan wat het in werkelijkheid is.

Ga je je voedingsinname tracken, maak dan gebruik van de berekening op blz 50 en zie extra activiteiten (zowel EAT als NEAT) als een extra bonus; maar ga dit niet als extra voeding toevoegen. Meerdere onderzoeken hebben aangetoond dat mensen die opzettelijk aan lichaamsbeweging doen, ofwel onbewust meer aten om de verbrande calorieën te compenseren, ofwel minder gingen bewegen na de training waardoor hun inspanningen tot op zekere hoogte weer teniet werden gedaan. Een extra shake na je training omdat je denkt dat je die wel verdiend hebt bevat meestal meer calorieën dan je daadwerkelijk hebt verbrand tijdens je workout. Alleen focussen op energie die je verbruikt tijdens sporten is een van de grootste fouten die gemaakt wordt bij het verliezen van vet. Trainingen zullen nooit de energie compenseren die je kunt verbruiken door dagelijks een actieve levensstijl te leiden. Een paar uur per week naar de sportschool is geen compensatie van alle andere wakkere uren in een week die je zittend door-brengt. Wil je effectief vet verliezen, ga bewegen en zorg dat je de hele dag actief bent. Dat levert je meer op qua verbranding dan een paar uur in de sportschool.
Overigens is dit geen pleidooi om niet meer naar een sport-school te gaan. Integendeel. Training is belangrijk om je lijf sterker, flexibeler of sneller te maken. Maar de dagelijkse activiteit naast je trainingen en workouts zijn net zo belangrijk of misschien nog wel belangrijker. Focus elke dag op je NEAT door zowel binnens- als buitenshuis te bewegen. Het lijkt zo'n open deur, maar zet je auto verder weg als je ergens parkeert, neem vaker de trap, loop of fiets naar je bestemming als de afstanden het toelaten, was je auto met de hand in plaats van door de wasstraat te rijden. Er zijn zoveel manieren om meer te bewegen. Wandelen, tuinieren, traplopen, winkelen, bood-schappen doen, stofzuigen: allemaal dagelijkse bezigheden die je NEAT verhogen.

SITTING BREAKS
Maak van NEAT een serieus aandachtspunt in je levensstijl. NEAT is de sleutel tot een hoger calorieverbruik ,maar ook tot een betere lichamelijke en geestelijke gezondheid. Niet alleen omdat bewegen goed is voor ons, maar ook omdat je niet te vaak en te lang wilt zitten. 'Sitting is killing'. Niet zozeer het zitten op zich is erg, maar het probleem zit hem in te

VOOR NEAT TELT ELKE BEWEGING, HOE KLEIN OOK.

vaak en te lang zitten. Iets wat we in onze maatschappij helaas wel veel doen, maar waar ons lijf niet geschikt voor is. Naast voldoende beweging is het belangrijk om niet te lang achter elkaar te zitten en gebruik te maken van zogenaamde *sitting breaks*, ofwel zitonderbrekingen. Dit zijn korte onderbrekingen. Heb je een half uur stilgezeten? Sta dan op om een paar kniebuigingen te maken, een stukje te wandelen, een trap op of af te lopen of te planken. Ben je aan het werk; gebruik deze momenten om naar het toilet, de koffiemachine of het kopieerapparaat te lopen. Zet eventueel de timer van je telefoon op een half uur of gebruik de app Stand Up. Wanneer je lang achter elkaar zit vertraagt je metabolisme, ontstaan er ontstekingen, en treedt er zowel spierafbraak als vervetting in de organen op.

HOE?

Bewustwording van je dagelijkse (in)activiteit is de eerste stap; het in praktijk brengen is een tweede. Een groot gedeelte van wat je verbrand op een dag heb je zelf in de hand en kun je makkelijk beïnvloeden. Voor NEAT telt elke beweging, hoe klein ook. Staan in plaats van zitten, de handgebaren die je maakt, zelfs draaien op een bureaustoel. Bij de meesten van ons is de NEAT tussen de 15 procent en 30 procent van het totale dagelijkse calorieverbruik. Dit is het verschil tussen iemand die zegt alleen al door het kijken naar een koekje aan te komen en iemand van dezelfde leeftijd en lengte die alles kan eten zonder een grammetje aan te komen. Maar een heel klein percentage van alle mensen kampt met een serieuze afwijking in hun stofwisseling. Bij het grootste gedeelte van de personen die denkt een trage stofwisseling te hebben is NEAT de oorzaak.

VOORBEELD

Een persoon met een lichaamsgewicht van 75 kilo verbrandt ongeveer 102 calorieën per uur tijdens zijn kantoorbaan in een zittende positie (1,7 calorieën/minuut), maar verbrandt 174 calorieën per uur als hij dezelfde taken staand uitvoert. Een verschil van 72 calorieën per uur lijkt misschien weinig, maar bij een 40-urige werkweek verbrandt die persoon op wekelijkse basis 2880 calorieën meer, wat op jaarbasis (bij een werkjaar van 50 weken) 144.000 calorieën is. Om een pond lichaamsvet te verliezen heb je een tekort van ongeveer 4000 calorieën nodig. Door alleen al te staan in plaats van te zitten kun je theoretisch gezien in een jaar tijd dus al 18 kilo aan lichaamsvet kwijtraken!

Let op: de cijfers uit bovenstaand voorbeeld zijn wel afhankelijk van geslacht, lichaamssamenstelling en leeftijd en daardoor voor iedereen weer anders. Maar het geeft wel een goede indruk van het verschil dat je kunt maken door alleen al te staan in plaats van te zitten.

WAAR BEGIN JE MEE

MAAK EENS EEN LIJST MET JE ALGEMENE DAGELIJKSE BEZIGHEDEN.

Bijvoorbeeld:
6.30-7.30 thuis klaarmaken om naar je werk te gaan;
7.30-8.00 woon-werkverkeer;
8.00-17.00 werken aan een bureau, voornamelijk zittende activiteiten, et cetera. Hoeveel uur breng jij zittend door? Kijk wat de momenten zijn die je langere tijd in een zittende houding doorbrengt. Denk creatief na over manieren om diezelfde activiteiten staand uit te voeren (bijvoorbeeld telefoneren, een gesprek voeren) Daag jezelf uit om een aantal zittende activiteiten te veranderen naar staande en begin met de uitdagingen waarvan je zeker weet dat je ze kunt volbrengen.

NOG MEER PRAKTISCHE TIPS

- Parkeer je auto niet op de dichtstbijzijnde parkeerplaats, maar juist op de plek die het verst lopen is.
- Ga fietsen in plaats van met de auto.
- Socials checken op je telefoon? Doe elke keer wat kniebuigingen of stretchoefeningen voordat je je smartphone tevoorschijn haalt.
- Telefoneer lopend.
- Bijkletsen met een vriendin? Doe dit tijdens een wandeling en drink de koffie na afloop.
- Podcast of muziek luisteren; maak een wandeling.
- Sta je in de keuken in afwachting van een gerecht in de oven? Loop een rondje door de keuken.
- Volg je een presentatie; ga staan in plaats van zitten.
- Draag je boodschappen in plaats van een kar te duwen.
- Was je auto met de hand.
- Neem de langste weg naar de waterkoeler op je kantoor.
- Neem nooit de lift.

Vind manieren om staande en bewegende activiteiten te integreren in je leven. Hier en daar een beetje. Onthoud dat elke beweging, hoe klein ook, het verschil maakt. En dat al die kleine bewegingen samen een wereld van verschil kunnen maken.

Extra tool

NUCHTER BEWEGEN

WAT?

BEWEEG MINIMAAL 2-3 KEER PER WEEK OP EEN NUCHTERE MAAG.

WAAROM?

Door regelmatig te bewegen op een nuchtere maag krijg je een betere vetverbranding, wat zorgt voor een betere gewichtsbeheersing, meer energie en betere (sport)prestaties.

Het lichaamsvet dat we met ons meedragen is in feite onze energievoorraad. Alleen wordt het lichaam steeds minder efficiënt in de vetverbranding door onze manier van eten en leven. Een manier waarmee je de vetverbranding weer goed op gang brengt is 'nuchter bewegen': matig intensief sporten op een nuchtere maag, bij voorkeur in de ochtend. Dus wandelen, joggen, fietsen, zwemmen met een niet al te hoge intensiteit en daarna pas eten.

Ons lichaam kan zowel suikers als vetten gebruiken als brandstof. Maar als je je suikertank altijd weer aanvult met koolhydraten, zal het lichaam daar de voorkeur aan geven. Suikers zijn namelijk sneller en makkelijker beschikbaar dan vetten. De meesten van ons hebben jarenlang te horen gekregen dat ontbijten belangrijk is en dat we zeker geen maaltijden over moeten slaan. Maar het tegendeel is waar. Juist door geregeld met een lege maag te gaan bewegen leer je je lichaam om ook vetten als brandstof te gebruiken. Onze voorouders deden niet anders; lange periodes werden besteed aan het zoeken naar een volgend maal. Er werd eerst gejaagd en verzameld en daarna kon er pas gegeten worden. Eerst bewegen en eerst eten, nuchter bewegen, is een heel natuurlijk proces waar ons lichaam alleen maar sterker, gezonder en fitter van wordt.

HOE?

Als je niet gewend bent om op een nuchtere maag te bewegen, begin dan eens met het uitstellen van je ontbijt, terwijl je thuis in beweging bent. Bouw het rustig op naar wat langere activiteiten buitenshuis, zoals een stuk wandelen, terwijl je het ontbijt steeds een stukje verder uitstelt. Het is een teken van metabole flexibiliteit wanneer je makkelijk het ontbijt kunt overslaan terwijl je lichamelijke activiteiten onderneemt. Het is een fabel dat je eerst zou moeten ontbijten voordat je andere dagelijkse activiteiten van start gaan.

BOEKENTIPS:

LAAT JE HERSENEN NIET ZITTEN, HOE LICHAAMS-BEWEGING DE HERSENEN JONG HOUDT
- **ERIK SCHERDER**

SITTING IS KILLING, HOE MINDER ZITTEN LEIDT TOT EEN SMALLERE TAILLE EN EEN GEZONDE LEEFSTIJL
- **ARTO PESOL**

KIJKTIP:

WHY SITTING DOWN DESTROYS YOU
- ROGER FRAMPTON, TEDXLEAMINGTONSPA (YOUTUBE)

WE ZITTEN DOOD TE GAAN
NOS OP 3 (YOUTUBE)

HOOFDSTUK 5

Voeding

WAT GA JE ETEN?

STAP **5**

WEET WAT (EN HOE) JE EET

WAT?
EET MINIMAAL 500 GRAM PLANTAARDIGE
VOEDING PER DAG

WAAROM?
Bijna alle diëten of voedingswijzen zijn gericht op wat je níét mag of wilt eten. Ook als het gaat over gezond eten volgt er veelal een lijst met voedingsmiddelen die je beter kunt vermijden. Terwijl je als eerste vooral wilt kijken naar wat je juist wél gaat toevoegen aan je dagelijkse voeding. Wanneer je basis goed is leg je een mooie fundering voor je voedings-patroon en daarmee je gezondheid. Er bestaan geen goede of slechte voedingsmiddelen of producten; enkel slechte gewoontes. Eet jij elke dag junkfood of suikerrijke producten dan zal je gezondheid op den lange duur achteruit gaan en ga je je ellendig voelen. Maar is je basis goed dan kan je lichaam veel hebben en zal je gezondheid niet achteruit gaan door een keertje iets te eten wat niet veel voedingswaarde heeft. Het heeft dan ook geen zin (tenzij dit om gezond-heidsredenen is) om bepaalde producten nooit meer te eten omdat ze volgens jou niet gezond zijn. Jezelf restricties opleggen wat betreft bepaalde producten of zelfs hele voe-dingsgroepen veroorzaakt bij velen op den duur een verkeer-de relatie met voeding. Dat wat je wél gaat eten zorgt ervoor

JEZELF RESTRICTIES OPLEGGEN VEROORZAAKT BIJ VELEN OP DEN DUUR EEN VERKEERDE RELATIE MET VOEDING. DAT WAT JE WÉL GAAT ETEN ZORGT ERVOOR DAT JE DE FITSTE VERSIE VAN JEZELF KUNT WORDEN. ALLES DRAAIT OM BALANS.

dat je de fitste versie van jezelf kunt worden; dat je meer energie krijgt, beter slaapt en je je lijf kunt onderhouden en opbouwen. Alles draait om balans. Een keer een stuk taart op een verjaardag of die pizza tijdens een familie-etentje bij dat leuke Italiaanse tentje? Doe het vooral als je ervan geniet. Want genieten is net zo belangrijk voor je gezondheid. Jezelf alleen maar restricties opleggen of stress hebben bij etentjes of familie-aangelegenheden omdat de maaltijden die op het menu staan niet in jouw dieetplan passen is veel ongezonder dan genieten van het moment en van die pizza of dat stuk taart. Zorg dat je basis goed is en het (aller) grootste gedeelte van je maaltijden bestaat uit volwaardige, voedende voeding. Maar niet elke maaltijd hoeft exact afgemeten en uitgebalanceerd te zijn. Wanneer van de 21 wekelijkse maaltijden (7 dagen per week 3 maaltijden) er 19 uitgebalanceerd zijn en voldoen aan de 3 V's dan doe je al waanzinnig veel goeds voor je lijf. Geef jezelf dan ook de ruimte om van 1 of 2 keer in de week eens wat minder gezonde keuzes te maken en daarvan te genieten. *Pick your darlings*!

- Planten leveren veel belangrijke, onmisbare voedingsstoffen. Elke soort heeft weer zijn eigen unieke eigenschappen. Bladgroenten dragen bij aan een betere ontgifting, kruisbloemige groenten leveren goede voedingsstoffen voor je lever, et cetera.

- Groenten bevatten oplosbare (fermenteerbare) vezels die belangrijk zijn voor het voeden van je goede darmbacteriën.

- De vezels in groenten zorgen voor een goede verzadiging en houden je bloedsuikerspiegel stabiel.

- Groente bevat levende energie en hoort de basis te vormen van elk voedingspatroon.

HOE?

Verspreid je porties groente over de dag; eet bij minimaal twee van je dagelijkse maaltijden groenten. De World Health Organization adviseerde in 2018 al om minimaal 400 gram groenten per dag te eten (bron: World Health Organization). Maak er een gewoonte van om bij minstens twee van je dagelijkse maaltijden groenten te eten. Wanneer je je beperkt tot één soort groente en deze maar bij één van je maaltijden eet, dan is het lastig om voldoende binnen te krijgen. Niemand heeft zin om bij zijn avondmaaltijd 500 gram broccoli weg te werken. Wanneer je je groenten verdeeld over verschillende maaltijden en hier creatief mee bent is het een makkie om lekker veel groenten binnen te krijgen. Dit heeft ontzettend veel voordelen en helpt je jouw doelen te behalen. Ook andere plantaardige voeding, zoals zeewier, kiemgroenten en kruiden tellen mee.

WANNEER JOUW DOEL VETVERLIES IS, WIL JE NIET MINDER MAAR SLIMMER ETEN

NIET MINDER MAAR SLIMMER ETEN

Nog steeds hebben veel vrouwen het idee dat ze, om slanker en fitter te worden, weinig moeten eten. Maar dat is zo'n groot misverstand! Stelselmatig (te) weinig eten gaat er alleen maar voor zorgen dat je nog meer gaat 'hunkeren' naar voedsel dat je jezelf ontzegt. Tot je er op een gegeven moment klaar mee bent, overal zin in hebt, en uiteindelijk toe gaat geven aan 'cravings'. Wanneer jouw doel vetverlies is, wil je niet minder maar slimmer eten. Het verhaal dat ik vaak hoor is dat iemand de dag vol goede moed start. In de ochtend een klein beetje magere yoghurt; als lunch een cracker met kaas (ik noem maar iets wat ik vaak hoor); bij het avondeten een bescheiden portie en geen toetje (nee echt niet; terwijl iedereen aan het ijs zat). Maar dan… gaat het mis. Later op de avond wordt er 'gezondigd' met chips, nootjes, toastjes of wijn. 'Ik snap niet hoe het komt', verzucht iemand dan 'overdag gaat het zo goed. Maar 's avonds lukt het niet meer en ga ik toch weer de fout in.' Maar ik snap het wel. Veel te vaak kom ik weer voedingsdagboeken tegen waarin veel te weinig word gegeten. Weinig qua volume en meestal ook qua kwaliteit.

WAT VOOR PLANTAARDIGE VOEDING GA JE ETEN?

- **Bladgroenten** zoals andijvie, sla, spinazie en boerenkool
- **Koolsoorten** bijvoorbeeld bloemkool, rode kool, groene kool, broccoli, spruitjes, spitskool en paksoi
- **Kruiden** zowel vers als gedroogd, zoals basilicum, peterselie en rozemarijn
- **Peulvruchten** zoals sperziebonen, dopererwten, linzen, zwarte bonen en kousenband
- **Vruchtgroenten** bijvoorbeeld pompoen, courgette, avocado, komkommer en paprika
- **Specerijen** zoals kurkuma, kaneel en vanille
- **Wortels en knolgewassen** zoals rode biet, wortel, knolselderij, pastinaak, knolraap, radijs en bataat (zoete aardappel)
- **Uien** denk aan ui, knoflook, prei en bosui
- **Stengelgewassen** zoals bleekselderij, venkel, asperge, artisjok, rabarber en bamboe
- **Kiemgroenten** zoals taugé en waterkers
- **Zeewier** zoals wakame, kelp en dulse
- **Paddenstoelen** bijvoorbeeld champignons, shiitake en oesterzwammen

VERZADIGING WORDT STERKER BEPAALD DOOR DE HOEVEEL-HEID VOEDSEL DAN DOOR HOEVEEL CALORIEËN HET BEVAT.

Te weinig eten is één van de grootste oorzaken waarom het keer op keer niet lukt om af te vallen. Het is letterlijk een hele grote (af)valkuil. Je zult namelijk nooit goed verzadigd zijn, waardoor het niet is vol te houden. Ga in plaats daarvan zo veel mogelijk voeding eten die zo min mogelijk calorieën bevat. Je gaat dus slimmer eten. En met zo veel mogelijk voedsel met zo min mogelijk calorieën bedoel ik onbewerkte voeding. Dus geen light producten, geen fabrieksvoeding uit pakjes en zakjes, et cetera. Maar echt voedsel dat je rechtstreeks uit de natuur zou kunnen halen. In je maag zitten receptoren die je lichaam een seintje geven hoe vol je maag zit. Deze bepalen je mate van verzadiging. De verzadiging wordt sterker bepaalt door de hoeveelheid voedsel dan hoeveel calorieën het bevat. Voorbeeld: een handje cashewnoten (± 25 gram) is 150 calorieën. Afgezien van het feit dat bij de meesten een 'handje' noten al veel meer is dan 25 gram, biedt dit weinig verzadiging. Terwijl je voor hetzelfde aantal calorieën een combinatie van bijvoorbeeld 150 gram broccoli, 200 gram courgette en 250 gram pompoen zou kunnen eten. In totaal dus 600 gram aan groenten die net zoveel calorieën bevatten als 25 gram noten.

TEF: THERMISCH EFFECT VAN VOEDING

Wanneer mensen willen afvallen weten ze dat ze de energiebalans kunnen beïnvloeden door (meer) beweging en (minder) voeding. En soms weet men ook nog dat de ruststofwisseling positief beïnvloed wordt door meer spiermassa. Maar wat velen niet weten is dat een gedeelte van ons totale calorieverbruik energie is die nodig is om voeding te verteren, op te nemen en te verwerken. Dit is TEF; het thermisch effect van voeding. Ofwel: de thermogenese die voeding veroorzaakt. Het kóst energie om energie te onttrekken uit het voedsel dat je eet. En daar zitten heel grote verschillen in! Hoe hoger het thermische effect, hoe meer energie nodig is om het te verwerken. Elk voedingsmiddel heeft daardoor een ander effect op je metabolisme, ongeacht het aantal calorieën die ze bevatten. De ene calorie is de andere dus toch niet. TEF wordt in berekeningen meestal meegenomen als 10 procent van je totale energieverbruik. Maar afhankelijk van wat je eet kan dit wel oplopen tot 25 procent. Eén van de meest doorslaggevende factoren is de mate waarin voedsel bewerkt is. De TEF van bewerkte producten is vele malen lager dan die van onbewerkte (*whole foods*) voeding. Wanneer je voornamelijk bewerkte fabrieksvoeding eet scheelt dit ongelofelijk veel op dagelijkse basis aan calorieën die je meer of minder verbruikt.

In een onderzoek werd er al een verschil van 10 procent in TEF-waarde gezien tussen volkorenbrood met Cheddar-kaas en wit brood met smeerkaas. Kun je nagaan wat het verschil is tussen een boterham met kaas (wat al bewerkte voeding is) en een salade met groenten, peulvruchten, volkoren granen en een stuk vis of ei. Succesvol gewicht verliezen is een kwestie van voeding, training, rust en kwalitatief goede voeding. 'Echte' voeding die niet sterk bewerkt is in een fabriek, maar die je zo in de natuur kunt vinden. Niet alleen om je TEF te verhogen, maar uiteraard ook omdat je je daar veel fitter bij voelt en gezonder bij blijft. Hoe meer verzadigende voeding je eet, hoe fijner je voedingspatroon voelt. Je zult veel makkelijker minder calorieën eten terwijl je wel goed verzadigd bent en geen last krijgt van *cravings*. Schep je bord als eerste vol met dit soort voeding en vul het aan met eiwitrijke bronnen en gezonde vetten. Dan heb je de basis voor een succesvol voedingspatroon dat je de rest van je leven kunt volhouden.

Vet
WAT?
EET VOLDOENDE VETTEN

WAAROM?
Voldoende, gezonde vetten in je dagelijkse voeding zorgen voor balans in je hormonen; bevordert spiergroei en kracht-toename als je traint en helpt je bij het bereiken van een optimale lichaamssamenstelling. Vetten hebben we nodig om vitamines op te kunnen nemen; hormonen aan te maken, spieren te behouden en op te bouwen en om slank te blijven. Vet belangrijk dus.

HOE?
Vooral het toevoegen van onverzadigde vetten aan je maaltij-den is essentieel. Deze zitten onder andere in (ongebrande) noten, zaden, pitten, avocado en olijfolie. Daarnaast wil je zorgen voor voldoende omega 3 in je maaltijden door middel van vette vis (zalm, makreel, haring, sardines), schaal-en schelpdieren en algen.

In de vorige eeuw dacht men dat je aan kwam door het eten van vet en werd verzadigd vet geassocieerd met hart- en vaatziekten. De onterechte angst voor vetten is ontstaan door toedoen van de Amerikaanse professor Ancel Keys. In 1970 publiceerde hij zijn 7-landenstudie waarmee hij het (niet-be-staande) verband tussen verzadigde vetten en hartaandoe-ningen wilde aantonen. Ancel Keys wilde zo graag zijn gelijk halen dat hij uitkomsten heeft verdraaid. Zijn onderzoek, waarvan later bleek dat het niet klopte, kreeg wereldwijd bekendheid en wordt nog steeds door miljoenen andere studies geciteerd. De media pakte het op als waarheid en voedingsrichtlijnen werden wereldwijd hierop aangepast. Het advies van Ancel Keys was om geen verzadigde vetten meer te eten. Dit werden uiteindelijk aanbevelingen om alle vetten in voeding te minderen of te vermijden.

Anno nu zie ik nog steeds veel vrouwen die alleen maar magere producten eten en voeding zoals noten, avocado of olijfolie mijden 'omdat het veel vet bevat'. Ze zijn in de veronderstelling dat het eten van vetten ook meer lichaams-vet veroorzaakt. Het tegendeel is waar. Als actieve vrouw heb je vetten nodig om optimaal te functioneren. Vetten zijn bouwstoffen van je lichaamscellen, ze leveren energie; helpen bij de pro-ductie van hormonen en zijn belangrijk voor je vitale organen. Wil je lichaams-vet kwijt raken? Slanker en meer getoned zijn? Het slechtste wat je dan kunt doen is vetten verbannen. Goede, onverzadigde, vetten zijn onmisbaar bij de productie van testosteron, wat belangrijk is voor spiergroei. Daarnaast verlagen vetarme diëten de oestrogeen-waarden bij vrouwen. En oestrogeen heeft veel belangrijke eigenschappen. Het helpt bij spierherstel en voorkomt spierschade. Wat ook fijn is; het zorgt ervoor dat je minder vet rond je middel opslaat en verhoogt je metabolisme. Het is belangrijk om voornamelijk gezonde vetten te eten. Maar welke zijn dat? Er zijn zoveel verschillende soorten vetten. Er zijn verzadigde en onver-zadigde vetten en ook die zijn weer onderverdeeld in verschillende soorten.

MCT 'S ZIJN HEEL GESCHIKT ALS ENERGIEBRON VOOR SPORTERS. ZE WORDEN DIRECT ALS ENERGIE GEBRUIKT IN PLAATS VAN DAT ZE OPGESLAGEN WORDEN ALS VET.

VERZADIGD VET

Verzadigde vetten zijn vast bij kamertemperatuur. Voorbeelden van verzadigde vetten zijn kokosolie en roomboter. Verzadigd vet werd lang als 'slecht' bestempeld; maar zo zwart-wit is het niet. Want ook het ene verzadigde vet is het andere niet. Zo zijn er korteketen- (koemelk, geitenmelk), middellangeketen- (kokosolie, avocado) en langeketenvetzuren (dierlijke vetten zoals in varkens- en rundvlees).

• Middellangeketenvetzuren (MCT's) hebben geen gal nodig voor de vertering en kunnen direct in het bloed worden opgenomen vanuit de darmen. Daardoor zijn ze heel geschikt als energiebron voor sporters. Ze worden direct als energie gebruikt in plaats van dat ze opgeslagen worden als vet.

• Langeketenvetzuren worden opgenomen in ons lymfatisch systeem, hebben gal nodig voor de vertering en zijn daardoor moeilijker verteerbaar dan de korte en middellange keten vetzuren.

Verzadigde vetten zijn niet-essentieel, wat wil zeggen dat je ze niet via voeding binnen hoeft te krijgen om gezond en fit te blijven.

EET MEER ONVERZADIGD VET

Er zijn twee onverzadigde vetzuren die we wel via onze voeding binnen moeten krijgen en die essentieel zijn voor onze gezondheid: omega 3 en omega 6. Omega 6 vind je in zowel plantaardige producten (granen, noten, zaden, pitten, plantaardige oliën en soja) als in dierlijke bronnen (vlees, zuivel, gevogelte, vis en ei). Om de inname van omega 6 hoeven we ons geen zorgen te maken; daar krijgen we meer dan voldoende van binnen. Waar veel mensen te weinig van binnen krijgen is omega 3. De inname van omega 3 en omega 6 zou in verhouding met elkaar moeten zijn. Een doorsnee westers voedingspatroon bevat echter vele malen meer omega 6 dan omega 3. Aangezien omega 6 ontstekingbevorderend is werkt dat laaggradige ontstekingen in de hand. Omega 3 daarentegen is ontstekingsremmend, belangrijk voor gezonde cellen, de aanmaak van hormonen en onze hersenstofwisseling. Omega 3 vind je in: zeevoedsel, algen, vette vis (haring, makreel, sardines, zalm), chiazaad, lijnzaad, walnoten en hennepzaad.

VERMIJD TRANSVETTEN

Ook wel bekend als 'gedeeltelijk gehydrogeneerde plantaardige olie' (bekijk de ingrediëntenlijst op voorverpakte voedseletiketten voor deze stiekeme alias). Transvetten ontstaan als je onverzadigd vet gaat verhitten of verharden. Dit gebeurt meestal om de houdbaarheid te verlengen. Wanneer je onverzadigde vetten tot hoge temperatuur gaat verhitten of ze chemisch bewerkt worden ze toxisch. Overmatig gebruik van transvetten (een kenmerk van het westerse dieet) veroorzaakt volgens recent onderzoek chronische ontstekingen in het hele lichaam, wat kan leiden tot hartaandoeningen, diabetes type 2, kanker en beroertes. Deze wil je dus ten allen tijde zo veel mogelijk vermijden.

Vetten zijn een heel complex onderwerp waar nog zoveel meer over te vertellen valt. In mijn boek *Fit Vega(n) Food* ga ik dieper in op de onverzadigde vetzuren en leg ik ook uit waar je op moet letten als je plantaardig eet. Wil je helemaal de diepte in wat betreft dit onderwerp dan is het boek *Feiten over vetten* van dr. Mary G. Enig een echte aanrader.

WAT ER NIET KLOPT AAN HET DOORSNEE NEDERLANDS VOEDINGSPATROON

Het doorsnee Nederlands voedingspatroon bevat veel geraffineerde koolhydraten zoals ontbijtgranen, 'gezonde' tussendoortjes, koeken, repen, crackers, brood en pasta. Ook organisaties zoals het Voedingscentrum, die aangestuurd worden vanuit de voedingsindustrie, promoten dit. Volgens de schijf van 5 zou een gezond voedingspatroon wel voor een kwart uit granen moeten bestaan. Dit is echter verre van gezond; heeft negatieve effecten op de darmgezondheid, laat onze bloedsuikerspiegel de hele dag door stijgen en maakt suikerverbranders van ons.

HET EFFECT VAN KOOLHYDRAATRIJK ETEN

Ons lichaam kan suiker en vetten gebruiken als brandstof. Je lichaam is echter ontworpen om veel efficiënter op vetten dan op suikers te functioneren. Door een voedingspatroon dat veel geraffineerde koolhydraten bevat:

• Produceer je meer vrije radicalen die weefsel beschadigen, wat de veroudering van ons lichaam versnelt;

• Maak je van je lichaam een suikerverbrander, wat zorgt voor energiedips en vermoeidheid;

• Sla je meer lichaamsvet op door het hormoon insuline.

Voor de vezels hoeven we het ook niet te doen. Granen bevatten alleen onoplosbare vezels, terwijl onze darmen juist de oplosbare vezels uit groenten, rauwkost, paddenstoelen, noten en vruchten zo nodig hebben. Meer groenten, en veel meer dan de schamele hoeveelheid van 250 gram, eten is dan ook het advies dat iedereen zou moeten krijgen. Zelfs de, vaak zo gevreesde, verzadigde vetten (roomboter, ghee, kokosolie) blijken heilzaam te zijn voor onze gezondheid en hoeven niet vermeden te worden. De meeste mensen, en vooral vrouwen, doen er goed aan de hoeveelheid gezonde vetten in hun voeding drastisch te verhogen. Vooral de enkelvoudig, onverzadigde vetten (avocado, noten, olijfolie) en omega 3- vetzuren (vette vis, schaal-en schelpdieren, walnoten, hennepzaad, zeewier en algen) wil je veel en vaak eten. Door vetrijker te eten activeer je het natuurlijke vermogen van het lichaam om in plaats van glucose (suiker) vetten als voornaamste brandstof te gebruiken.

HET VERMOGEN OM LICHAAMSVET ALS ENERGIEBRON TE GEBRUIKEN ZIT DIEP IN ONZE GENEN.

Het vermogen om lichaamsvet als energiebron te gebruiken zit diep in onze genen en is een essentiële eigenschap om te kunnen overleven. Als onze verre voorouders niet de continu beschikking hadden over voedsel (wat vrij vaak het geval was) was opgeslagen lichaamsvet de belangrijkste brandstof. Hun hersenen werden gevoed met ketonen in plaats van suikers. Tegenwoordig zijn de meeste mensen suikerverbranders. Compleet koolhydraatafhankelijk door de overvloedige en continu aanvoer van suikerrijke en geraffineerde voeding. Gevoed door het idee dat we suikers nodig hebben om te kunnen presteren.

Het is een wetenschappelijk feit dat we geen koolhydraten nodig hebben om te overleven; in tegenstelling tot vetten en eiwitten. Uiteraard hebben we voedzame en natuurlijke koolhydraatbronnen wel nodig voor onze gezondheid en om ons goed te voelen. Kleurrijke groenten en vruchten, vezelrijke knollen, noten, zaden en cacao zijn belangrijk en een weldaad voor ons lichaam. Echter niet in de hoeveelheden en in de bewerkte versies waarin ze nu ons voedingspatroon overheersen. Het is de voedingsindustrie, media en overheden gelukt ons te overtuigen dat een optimaal voedingspatroon koolhydraatrijk is en voor het grootste gedeelte uit bewerkte graanproducten bestaat. Ontbijtgranen; een 'gezonde' koek of reep tussendoor; boterhammen als lunch en bij de avondmaaltijd een grote portie pasta, aardappelen of rijst. Ons lichaam heeft een voorkeur voor vetten en ketonen als brandstof maar het huidige voedingspatroon heeft van de meesten van ons suikerverbranders gemaakt. Het gevolg: minder energie, opslaan van lichaamsvet, hormonale klachten, laaggradige ontstekingen, versnelde veroudering. Het goede nieuws is dat je weer een vetverbrander kunt worden als je je eetpatroon en leefstijl aanpast. De eerste stap is de hoeveelheid graanproducten in je voeding minderen. Begin met nog maar bij één maaltijd een graanproduct te eten. Stap 2 is het toevoegen van meer gezonde vetten in je maaltijden. Door (te) veel koolhydraten te eten krijgen we automatisch minder vetten binnen, terwijl die zo belangrijk zijn voor onze gezondheid. Zeker voor vrouwen!

BOEKENTIPS:

THE BIG FAT SURPRISE

- **NINA TEICHOLZ**

GOOD CALORIES, BAD CALORIES

- **GARY TAUBES**

WAAROM VROUWEN HET BETER DOEN OP VETTEN

Bij vrouwen werkt de stofwisseling anders dan bij mannen; wij zijn betere vetverbranders dan mannen en hebben meer vetten nodig. Dit heeft meerdere redenen. Zo hebben wij meer vetten in onze spieren opgeslagen dan mannen; hebben we gemiddeld ±12 procent meer lichaamsvet dan mannen en hebben wij meer type-1 spiervezels (de spiervezels die gericht zijn op duurvermogen) die beter zijn in het gebruiken van vetten als brandstof dan suikers. Vetten zijn al verzadigend omdat ze het legen van je maag vertragen en voor vrouwen zijn vetten nog 15 procent verzadigender dan voor mannen. Wij vrouwen presteren en voelen ons gewoon beter met voeding die relatief hoger in vetten is. Zeker als je wens spieropbouw en/of verlies van lichaamsvet is, maar ook als je hormonale klachten ervaart, is een goede hoeveelheid gezonde vetten in je voeding essentieel. Vetten zijn namelijk een onmisbare bouwstof voor onze hormonen. Zorg dat je dagelijkse calorie-inname voor minimaal 30 procent uit vetten bestaat. Of ga uit van minimaal 1 gram vet per kilo lichaamsgewicht. Eet gezonde vetten zoals die in olijven, olijfolie, avocado, vette vis, (ongebrande) noten, zaden, pitten, kokosolie, kokosmelk, cacao, eieren, notenpasta's, et cetera. Vermijd transvetten die aanwezig zijn in geharde en gehydrogeneerde olie in fabrieksvoeding zoals margarine en in gefrituurd voedsel. Plantaardige oliën zoals zonnebloemolie, sojaolie, arachideolie bevorderen ontstekingen en zijn geen gezonde vetten. Ook deze eet je beter niet.

VETOPSLAG

Worden we te dik van koolhydraten? Nee, dat niet. Wel van te vaak, te veel en geraffineerde koolhydraten. Kort uitgelegd: wanneer we koolhydraten eten worden die afgebroken tot glucosemoleculen. Glucose kan gebruikt worden als energiebron, maar wat niet direct gebruikt wordt slaan we als glycogeenvoorraad op in onze lever (± 100 gram) en onze spieren (±400 gram) De meeste mensen eten veel meer koolhydraten dan ze op kunnen slaan. En wanneer alle voorraden vol zijn (wat al vrij snel het geval is) wordt overtollige glucose opgeslagen als vet. Het lichaam moet ergens naartoe met die *overload* aan suikers.

KOOLHYDRATEN = GLUCOSE = SUIKER

Of koolhydraten nou uit bananen, dadels, vruchtensap, druiven, rijst, pasta, brood of koek komen; uiteindelijk wordt alles afgebroken tot glucosemoleculen. Wanneer het gaat over het eten van suikers denken veel mensen aan frisdrank, paaseitjes of kristalsuiker. Maar een gemiddeld Nederlands voedingspatroon zit bomvol suikers. Kant-en klare sauzen, vleeswaren, brood, broodbeleg, pakjes en zakjes; bijna overal worden suikers aan toegevoegd. Niet alleen als smaakversterker maar ook voor het verlengen van houdbaarheid. Daarbovenop komen dan nog eens alle natuurlijke suikers zoals in groente, fruit, peulvruchten, rijst, zuivel, et cetera. Alles bij elkaar een waanzinnige overload waar het lichaam meestal geen functie of plek meer voor heeft. De voorraden worden overladen met suikers terwijl ze nooit geleegd worden. Het gevolg: het te veel aan suiker wordt opgeslagen als vet.

MEER LICHAAMSVET DOOR MINDER VETTEN IN DE VOEDING

Jeff Volek en Stephen Finney deden een onderzoek waarin ze 4 maanden lang een groep vrouwen van voeding voorzagen. Elke deelneemster kreeg precies voldoende calorieën om haar gewicht stabiel te houden. Wat de onderzoekers veranderden tijdens de 4 maanden was de vetinname. Deze werd geleidelijk verlaagd van 31 procent naar 25 procent en toen naar 15 procent. Elke keer als er calorieën in de vorm van vetten weggehaald werden, werd er een gelijke hoeveelheid aan koolhydraten toegevoegd. De proteïneinname bleef hierbij constant. Om het dieet zo gezond mogelijk te houden werden er alleen complexe koolhydraten toegevoegd. Ondanks de gezonde voeding steeg de hoeveelheid triglyceriden (vetten in de bloedbaan) evenredig met het verwijderen van het vet uit de voeding. Omdat de deelneemsters op een dieet waren waarbij de calorie-inname gelijk was aan hun verbruik was niet te verwachten dat de koolhydraten uit voeding omgezet zouden worden in lichaamsvet. Toch was dat wat er gebeurde. Terwijl het gewicht stabiel bleef, was er een toename van lichaamsvet en triglyceriden in het bloed.

IS EEN CALORIE EEN CALORIE?

Ook al is je calorie-inname bepalend voor het wel of niet succesvol gewicht verliezen, er spelen nog zoveel andere factoren mee. Het idee van 'calories in vs calories out' is achterhaald en het advies bij overgewicht om minder te eten en meer te bewegen is te kort door de bocht. Het maakt wel degelijk uit hoe en dat je eet. Een standaard Nederlands voedingspatroon, ook al is er sprake van calorie-restrictie, dat rijk is aan koolhydraten en laag in vetten zorgt voor stijging van insuline. Insuline is niet alleen een vetopslaghormoon; het zorgt ook voor meer hongergevoelens. Een low-carb dieet, rijk aan gezonde vetten zorgt voor lage insulinespiegels, betere verzadiging, een goede hormoonbalans en een betere vetverbranding.

NO CARB OF SLOW CARB?

Jarenlang zijn vetten gedemoniseerd en werden we bang gemaakt voor deze voedingsgroep. Hopelijk is er één ding wat we daarvan kunnen leren en dat is dat we niet één macronutriënt in zijn geheel moeten vermijden.

'Ik eet geen koolhydraten meer', hoor ik vaak zeggen. Maar koolhydraten zitten in groente, fruit, knollen, sla, peulvruchten, noten, zaden, pitten, granen, zeewier en nog veel meer. Geen koolhydraten eten betekent dat je alleen nog maar dierlijke producten in de vorm van vis, vlees, gevogelte en eieren zou eten, aangevuld met pure vetten zoals olijfolie en boter. Meestal niet wat er bedoeld wordt met koolhydraatarm eten. Door een enkele groep macronutriënten te stigmatiseren ontstaat er ten onrechte angst voor bepaalde voeding. Je wordt niet 'dikker' van te veel koolhydraten, vetten of eiwit; dat word je van te veel voeding. Andere factoren spelen ook een rol maar in eerste instantie kom je aan door een calorie-overschot en val je af door een calorie-tekort. Voor zowel je gezondheid als de shape van je lichaam is het zeker goed om geraffineerde koolhydraten en suikers te minderen. Ik ben dan ook absoluut een groot voorstander van een *low carb* voedingspatroon. *Low carb* wordt alleen vaak geïnterpreteerd als no carb. Daarom is *slow carb* een betere beschrijving. Het gaat niet om zo min mogelijk of helemaal geen koolhydraten meer maar om welke soort.

Wil je profiteren van de gezondheidsvoordelen van een slow carb voedingspatroon? Schrap of minder dan alle bewerkte producten uit je voeding. Eet zo min mogelijk bewerkte graanproducten zoals brood, pasta, koekjes, repen, ontbijtgranen en andere fabrieksvoeding. Beperk suikers zoals in frisdrank en snoep en vergis je niet in alle verborgen suikers. Bijna alles wat in een blikje, pot of doos zit bevat toegevoegde suikers. Check etiketten, eet zo veel mogelijk producten die je rechtstreeks uit de natuur kunt halen en kies voor voeding met een lage MB-index.

MB-INDEX

MB staat voor menselijke bewerking. Hoeveel menselijke bewerking is er aan te pas gekomen voordat het bij jou in de keuken en op je bord ligt? Op een schaal van 1-10 is 1 een product waar weinig bewerking aan te pas is gekomen zoals fruit en groente en 10 producten die sterk bewerkt zijn zoals pasta en crackers. Dit is een hele andere benadering van voeding en helpt je keuzes te maken die jou helpen de fitste versie van jezelf te worden en te blijven. Zie je door de bomen het bos niet meer qua voeding en weet je niet meer welke producten je beter wel of niet kunt eten? Beoordeel voeding op de mate van bewerking en bedenk wat de MB-factor is. Kies zo veel en vaak mogelijk voor producten die laag zijn in MB; onbewerkte, natuurlijke *Whole Foods*.

SLOW CARBS IN PLAATS VAN NO CARBS

Het is goed om bepaalde koolhydraten te minderen of te vermijden maar onthoudt dat het niet gaat om koolhydraten schrappen of ze zo min mogelijk te eten. Een gezond voedingspatroon draait om *slow carbs*, niet om NO carbs. Juist de plantaardige voeding die aan de basis zouden moeten staan van een gezond voedingspatroon bevat waardevolle en onvervangbare nutriënten en vezels.

Extra tool
INTERMITTENT KETO

KETO RESET

Het ketogeendieet, ook wel afgekort tot 'keto' wordt vaak gebruikt als methode om snel af te vallen. Maar dat doet de methode tekort. Wat velen niet weten is dat een ketogeendieet veelvuldig en succesvol ingezet wordt als therapie bij aandoeningen zoals epilepsie, diabetes, parkinson, MS en andere neurologische aandoeningen. Wanneer je het niet om zulke therapeutische redenen doet kan het zeker de moeite waard zijn om zo nu en dan eens een periode ketogeen te eten. Je kunt het gebruiken als reset waarmee je in een betere vetverbranding komt, je lichaam ketonen gaat produceren en het je mentale scherpte, helderheid en energie kan geven. Het is geen must, maar kan een mooie extra tool zijn. Is een slow carb voedingspatroon al een hele uitdaging en merk je dat dat het je nog veel moeite kost, dan zou ik nog even wachten om deze extra stap te nemen. Maar in principe is een goed ketogeendieet gebaseerd op volwaardige voeding en ook op hoe onze verre voorouders gedurende langere periodes aten.

Bij een aantal zeldzame aangeboren metabole afwijkingen moet ketose vermeden moet worden. En ook bij alcoholisme of een eetstoornis is dit geen geschikte methode. Maar verder zijn er maar weinig situaties waarin keto gecontra-indiceerd is. Wel raad ik iedereen aan, zeker bij medicijngebruik of gezondheidsklachten om, als je graag het ketodieet succesvol als reset wilt gebruiken, daar begeleiding van een specialist bij te vragen. Op de site van het Ketogenics Institute (www.ketogenicsinstitute.com) kun je een ketoprofessional bij jou in de buurt vinden en zoeken naar een therapeut of coach

EEN STUKJE MEDISCHE GESCHIEDENIS

In de vorige eeuw werd het ketogene dieet al succesvol ingezet bij zowel patiënten met diabetes als epilepsie. In de Mayo-kliniek werd het zelfs op een groep jonge kinderen met epilepsie getest. Bij het grootste gedeelte van hen verminderde of verdwenen hun toevallen. Een grote doorbraak aangezien de medicijnen die in die tijd gebruikt werden niet veilig waren voor kinderen. Toen er in 1938 nieuwe medicijnen op de markt kwamen die ook geschikt waren voor kinderen werd het ketogene voedingspatroon grotendeels afgedankt.

Behalve in het Johns Hopkins-ziekenhuis, waar artsen en diëtisten zich met behulp van het dieet onverminderd bleven inzetten voor jonge kinderen met onbehandelbare epilepsie. Met goede resultaten als gevolg. Een van die kinderen was Charlie. Wanhopig vanwege zijn steeds slechter wordende toestand, waarbij medicijnen en chirurgische behandelingen niet werkten, kwamen zijn ouders in deze kliniek terecht. Slechts enkele dagen nadat hij begon met het dieet had Charlie geen toevallen meer. Een maand later was hij van alle medicijnen af. Zijn dankbare ouders richtten de Charlie Foundation (www.charliefoundation.org) op om het dieet te promoten. Zijn vader, Jim Abrahams, die filmregisseur en schrijver is, maakte er de film *First Do No Harm* over, met Meryl Streep in de hoofdrol.

WAT IS KETOSE EIGENLIJK?

Ons brein verbruikt de allermeeste energie van onze organen: zo'n 600 calorieën per dag! In een niet-ketogene toestand wordt die energie voornamelijk uit glucose (suikers) gehaald. De mens heeft een overlevingsmechanisme waarbij het lichaam overstapt op het produceren van een andere energiebron als er te weinig glucose voorhanden is: ketonen. Onze voorouders, die leefden voor het ontstaan van de landbouw (en daarmee de introductie van zuivel en granen in ons voedingspatroon), waren altijd in een milde staat van ketose. Het grootste gedeelte van hun voeding was koolhydraatarm en periodes van schaarste (vastenperiode) waren een vast onderdeel van het dagelijks leven. Bij gebrek aan koolhydraten (glucose) produceert onze lever ketonen zodat die als energiebron in de hersenen gebruikt kunnen worden. Ondanks dat dit een natuurlijk mechanisme en een normale staat van zijn is komt bijna niemand tegenwoordig meer in ketose. In voedingsketose ben je wanneer je een verhoogd ketonniveau hebt waarbij het ketonenniveau hoger is dan 0,5 mmol/l bloed zijn. Bij een standaard Nederlands voedingspatroon zul je zelden ketonwaarden hoger dan 0,3 mmol/l hebben. (Let op, voedingsketose is iets anders dan ketoacidose!).

HOE KOM JE IN VOEDINGSKETOSE?

Wanneer je maximaal tussen de 20-60 gram koolhydraten per dag eet gaat je lichaam van een suikerverbranding switchen naar het gebruik van vetten en het produceren van ketonen. Het kan enkele dagen duren voordat je die switch maakt. Bij de een gaat het sneller dan bij de ander en ook de hoeveelheid koolhydraten waarbij je in ketose komt verschilt per persoon. Het is dus niet *one diet fits all*, maar een kwestie van testen, meten en ervaren.

EEN AANTAL VOORDELEN OP EEN RIJTJE

- **Onze hersenen geven eigenlijk de voorkeur aan ketonen;** een brandstof die niet alleen efficiënt is maar waarvan ook gebleken is dat het herstel en regeneratie van het brein mogelijk maakt. Ketose is een natuurlijk proces dat een helend effect op de hersenen heeft en waarmee je het risico op neurologische aandoeningen zoals Alzheimer, Parkinson en migraine kunt verkleinen of de symptomen kunt verminderen. Als je metabool flexibel bent, weer efficiënt wordt in vet verbranden en niet meer alleen aangewezen bent op glucose als brandstof zul je je helderder en meer gefocust voelen. Wanneer je hersenen constant toegang hebben tot andere brandstoffen ervaar je een ongekende mentale scherpheid en helderheid. *Brain fogs* behoren tot het verleden.

- **Wanneer je langere tijd in ketose verkeert leert je lichaam weer optimaal vetten als energiebron te gebruiken.** Dit kan helpen om lichaamsvet te verliezen. Een van de meest gehoorde voordelen van het ketogeendieet is dat er weinig tot geen hongergevoelens zijn door het verzadigende effect van ketogene voeding. Dat maakt het makkelijk vol te houden en relatief makkelijk om minder te eten, waardoor er effectief lichaamsvet verloren wordt. Ook *cravings* en suikerbehoefte verdwijnen.

- **Ketonen hebben een ontstekingsremmende werking** waardoor er verbeteringen kunnen optreden bij aandoeningen zoals eczeem, acne en darmklachten. Doordat er minder oxidatieve stress in het lichaam is zodra je vet als voornaamste brandstof gaat gebruiken herstel je ook sneller en makkelijker, wat bijvoorbeeld sportprestaties ten goede komt.

- **Over het algemeen ga je beter slapen** en zijn de periodes van diepe slaap frequenter en langer wat maakt dat je ontspannen en uitgerust wakker wordt. Persoonlijk merkte ik direct grote verbetering van mijn HRV-waarden, rusthartslag en slaap, gemeten met mijn Oura-ring.

- **Door een ketogeendieet stimuleer je de productie van stamcellen** die het ruwe materiaal verschaffen om beschadigde en zieke cellen in je lichaam te vervangen.

INTERMITTENT KETO

Voor de meesten van ons is een ketogeendieet niet iets dat je voor altijd wil volgen. Wanneer je gezond bent en deze manier van eten niet om therapeutische redenen hoeft te volgen is het iets wat je als tool kunt gebruiken. Een middel om je lijf en geest te resetten. Afhankelijk van je omstandigheden en doelen kun je dit bij wijze van kuur gebruiken; van een week tot 10 dagen, een maand of zelfs meerdere maanden. Zodra je je metabole flexibiliteit hebt herwonnen en je langere tijd behoorlijke hoeveelheden ketonen geproduceerd hebt (ruim 0,5 mmol/l) kun je periodiek weer grotere hoeveelheden koolhydraten terugbrengen in je dagelijkse voeding. Daarna kun je dan bijvoorbeeld enkele keren per week ketogeen eten of zo nu en dan een ketoreset van een week of 10 dagen inplannen.

Hoe ga je drinken?

WAT?
INTERMITTENT DRINKING

WAAROM?
DE HELE DAG DOOR SLOKJES NEMEN IS AANGELEERD GEDRAG

We hebben onszelf aangeleerd om de hele dag door te drinken. Vocht is heel belangrijk; voor het hydrateren van de huid, het afvoeren van afvalstoffen en om de lichaamstemperatuur te regelen. Maar net zoals het niet fijn is voor je lichaam om de gehele dag voedsel te verwerken wordt het ook niet blij wanneer je continu iets drinkt. Dit deed de mens in zijn geschiedenis, tot voor kort, nooit eerder. Eigenlijk begrijpt ons lichaam (en zeker onze maag) niks van drinken zonder dorst. Dorstgevoel geeft je lichaam een signaal dat er mogelijk vocht aan komt waardoor je maag zich kan voorbereiden en je immuunsysteem geactiveerd wordt. Water uit een bron of rivier kan immers ziektewekkers bevatten waar je lichaam op moet reageren. Continu slokjes water, thee of andere dranken tot je nemen is continu je immuunsysteem activeren. Daarnaast verstoor je door steeds een beetje te drinken de natuurlijke vocht- en mineralenbalans.

DRINK WANNEER JE DORST HEBT

Ook in de wetenschappelijke literatuur worden hierover steeds meer vragen gesteld. De wereldwijd bekende professor emeritus inspanningsfysiologie en sportgeneeskunde Tim Noakes publiceerde in het medisch vakblad *British Journal of Sports Medicine* het stuk 'Challenging Beliefs in Sports Nutrition: are 2 "core principles" proving to be myths ripe for busting?'. Daarin gaat hij dieper in op het onderwerp hydratatie. Hij stelt dat watervergiftiging een groter gevaar is dan uitdroging en dat de oude spreuk 'drink wanneer je dorst hebt' het enige correcte advies is. Hij roept lezers zelfs op om hem de wetenschappelijke onderbouwing van 'drink at least 8 glasses of water a day' te sturen.

DE MENS IS HET ZOOGDIER MET DE GROOTSTE CAPACITEIT OM INSPANNINGEN TE LEVEREN IN EXTREME HITTE

Een onderzoek, waarbij 18 personen een tocht van 25 kilometer ondernamen in 44,3 graden Celsius, vat het mooi samen: *'Humans are the mammals with the greatest capacity for exercising in extreme heat.'* De onderzoekers toonden aan dat ondanks een verlies van 2 kilo lichaamsgewicht (!) de natriumconcentratie in het bloed behouden bleef. Het water en de deeltjes bleven perfect in evenwicht. Ons lichaam beschikt dus over een ingebouwd regulatiemechanisme om zelfs in extreme omstandigheden homeostase te behouden. Het evolutionair sterke dorstregulatiecentrum van de gemiddelde mens is volledig verstoord. Door ons hedendaags drinkgedrag zijn we ons dorstgevoel kwijtgeraakt en weten we niet meer wanneer we echt dorst hebben. Dorst is een hersengevoel (gestuurd in de hypothalamus) en bij de meesten onder ons is dat regulatiecentrum volledig ontregeld. Evolutionair dronken we nooit heel de dag door kleine hoeveelheden en als we dronken alleen als reactie op dorst! Dat maakte dat we op zoek gingen naar water om vervolgens (in bulk) te drinken tot we volledig verzadigd waren. Dat deden we nul, één, of meerdere keren per dag, afhankelijk van de omstandigheden.

OXYTOCINE

Mijn docent, biochemicus en antropoloog dr. prof. Leo Pruimboom vertelt het volgende: 'Wanneer je naar een drinkplaats in de wildernis kijkt, zie je dat heel veel verschillende soorten dieren daar samenkomen zonder tekenen van angst of agressie. Alle soorten herbivoren, inclusief olifanten delen de waterpoelen in harmonie met elkaar. Recent onderzoek toont aan dat "dorstgevoel" niet alleen de water- en mineralenhuishouding reguleert, maar ook het "vertrouwen en liefde"-hormoon oxytocine, terwijl de productie van het typische stresshormoon cortisol afneemt. Een hete omgeving, droogte en meer zweten activeren het produceren van oxytocine, net zoals borstvoeding dat doet bij moeder en kind. Waarschijnlijk komt dit door het feit dat alle dieren afhankelijk zijn van water, terwijl het soort voeding per diersoort verschilt. Het reguleren van drinkgedrag door middel van intermitterend drinken in grote hoeveelheden zou de oxytocinesignalering kunnen verhogen, het vertrouwen van de mens kunnen herstellen en de gezondheid kunnen verbeteren door de activiteit van de stress-as en de ontstekingsactiviteit van het immuunsysteem te verlagen. Onderbroken bulkdrinken moet worden gedefinieerd als water (inclusief thee en koffie) drinken tot een gevoel van verzadiging en gereguleerd door een mild gevoel van dorst. Dit zou betekenen dat mensen niet minder zouden drinken, maar minder vaak, en zo gedragen alle dieren, maar ook pasgeborenen zich. Het is de laatste groep, die waarschijnlijk de enige groep mensen is met een normale vochthuishouding.'

Zowel intermittent fasting als intermittent drinking maakt van ons weer metabool flexibele mensen. Mensen die niet alleen kunnen functioneren in een situatie waarin er water beschikbaar is, maar ook in een situatie waarin er géén water beschikbaar is. We hadden immers nooit onbeperkt toegang tot water. We verplaatsten ons als we dorst hadden en vervolgens brachten we uren door zonder water, net zoals andere zoogdieren: ze drinken tot ze verzadigd zijn om zich nadien weer te verplaatsen, en dit herhaalt zich keer op keer.

BULKDRINKEN, WAT IS HET EN HOE DOE JE DAT?

Bij bulkdrinken neem je een grotere hoeveelheid vocht, bij voorkeur water, in één keer tot je. Wanneer je daar meteen in de ochtend mee begint start je je dag meteen goed en kun je daarna die drinkfles voorlopig met rust laten. Vlak voor, na of tijdens een maaltijd drinken zorgt dat je lichaam niet goed alle voedingsstoffen op kan nemen; je 'spoelt' als het ware alles door waardoor het een goede spijsvertering remt. Zelf drink ik dan ook tijdens de momenten tussen de maaltijden door: één keer een bulk water na het opstaan; vervolgens een bulk water en/of thee tussen mijn ontbijt en lunch; nog eens in de middag ergens tussen lunch en avondeten. Na het avondeten drink ik geen grote hoeveelheden meer; hooguit nog wat kruidenthee of een glas waterkefir. Dit is hoe ik het doe en wat voor mij fijn voelt en werkt. Maar belangrijk is dat je zelf leert naar je lichaam te luisteren. Vermijd in ieder geval om de hele dag door kleine hoeveelheden te drinken. Drink vooral wanneer je dorst hebt en dan tot je helemaal verzadigd bent. Dat kan dus ook betekenen dat je de ene dag meer drinkt dan de andere; afhankelijk van de weersomstandigheden; hoeveel je traint en wat je eet. We zijn het verleerd om goed naar ons lichaam te luisteren. Iemand die veel zweet, heeft meer vocht nodig dan iemand die nauwelijks transpireert. Mensen die veel groente en fruit eten, krijgen op die manier al veel vocht binnen. Die hoeven niet net zoveel water te drinken als iemand die vooral op brood en crackers leeft. Buiten wandelen bij 45 graden Celsius of de hele dag binnen zitten betekent een hele andere behoefte. Door te drinken uit gewoonte in plaats van als reactie op dorst verstoor je allerlei natuurlijke processen in je lichaam. Leer je eigen dorst kennen en geef je lichaam zijn dorstgevoel weer terug

VLAK VOOR, NA OF TIJDENS EEN MAALTIJD DRINKEN ZORGT DAT JE LICHAAM NIET GOED ALLE VOEDINGS- STOFFEN OP KAN NEMEN; JE 'SPOELT' ALS HET WARE ALLES DOOR.

HOOFDSTUK 6

Timing

LICHT, VOEDING EN BEWEGING

STAP 6

ZORG VOOR EEN GOED RITME

WAT?
LEEF VOLGENS HET NATUURLIJKE DAGRITME

WAAROM?
Al onze weefsels en organen hebben een eigen klok die allemaal staan afgesteld op onze interne klok. Deze loopt gelijk met het circadiaans ritme, een biologisch ritme waarvan de cyclus één dag duurt. Alle biologische processen in ons lichaam verlopen volgens dat ritme en verstoring daarvan verstoort alle andere processen in je lichaam. Daglicht, voeding, beweging en sociale interactie zijn de belangrijkste externe factoren die jouw ritme synchroniseren met het 24-uurs dag- en nachtritme. Door het sterke effect van deze 'zeitgebers' op onze biologische klok zijn ze van grote invloed op onze gezondheid.

Onze biologische klok is onveranderd gebleven de afgelopen 10.000 jaar, maar onze omgeving is onherkenbaar veranderd. De zon komt op en gaat onder, maar hoeveel krijgen we daar nog van mee? De mate waarin we blootgesteld worden aan licht is vaak precies tegengesteld aan ons natuurlijke ritme en zet daarmee alles op zijn kop. Overdag zitten we het grootste gedeelte van de dag binnen en krijgen we te weinig licht. In de avond en nacht, als ons lichaam weer in een ruststand hoort te gaan, stellen we ons lichaam bloot aan blauw kunstlicht. Via beeldschermen van tv, laptop, tablet of telefoon

DE MATE WAARIN WE BLOOTGESTELD WORDEN AAN LICHT IS VAAK PRECIES TEGENGESTELD AAN ONS NATUURLIJKE RITME EN ZET DAARMEE ALLES OP ZIJN KOP.

vertellen we ons lichaam dat het dag is waardoor er hele andere processen in gang worden gezet dan in de avond goed voor ons is. Dit veroorzaakt een sneeuwbaleffect van disbalans in hormonen, slaap, herstel, spijsvertering, stofwisseling en energie.

DOSERING VAN LICHT
Door te weinig natuurlijk daglicht overdag maar te veel kunstmatig licht in de avond en nacht verstoren we continu ons natuurlijke ritme waardoor je hormonen uit balans raken. Belangrijk is het verschil tussen je maximale blootstelling aan licht en het minimum. Hoe groter het verschil hoe beter. Een donkere kamer staat gelijk aan 0 lux (eenheden licht); 20 minuten buiten op een zonnige dag geeft je ongeveer 30.000 lux. Een groot verschil dus tussen het licht en donker. Kom je buiten op een bewolkte dag dan is dat ± 5000-10.000 lux, nog steeds een groot verschil met 0 lux in een compleet donkere slaapkamer. Ter vergelijking: een fel verlicht kantoor is maximaal 500-1000 lux. Kom je die dag niet buiten en kijk je in de avond weer naar een beeldscherm dan draai je je ritme om en breng je alles uit balans. Hoe meer je overdag buiten doorbrengt hoe minder het negatieve effect van felle verlichting binnen in de avond.

HOE?
Kijk eens naar jouw dosis natuurlijk licht gedurende de dag. Is de enige keer dat je de lucht ziet is als je van je werk naar huis rijdt, dan is de kans groot dat je te weinig natuurlijk daglicht krijgt. Probeer elke dag tijd buiten door te brengen, al is het maar een korte wandeling tijdens je pauze. En vermijd blauw licht in de avond en nacht. De app F.lux kan op elke pc, smartphone en tablet gratis gedownload worden en filtert in de avond het blauwe licht uit je beeldscherm. Nog beter is het die beeldschermen minimaal twee uur voor het slapen gaan helemaal uit te zetten. De mogelijkheid om 24/7 online bereikbaar te zijn en vermaakt te worden zorgt bij velen, zonder dat ze het weten, voor een digitale jetlag.

WAT?
EET IN JE NATUURLIJKE DAGRITME

WAAROM?
WANNEER JE EET IS BELANGRIJKER DAN WAT JE EET

Als het over gezondheid of afvallen gaat hebben we het altijd over wat en hoeveel we eten. Maar nog belangrijker dan wat er op je bord ligt, is wanneer je het in je mond stopt. Hoe gezond je voeding ook is, het blijkt niet meer zo gezond te zijn wanneer het op de verkeerde tijdstippen genuttigd wordt.

DE HELE DAG DOOR ETEN
Uit een Amerikaans onderzoek door dr. Satchin Panda (een vooraanstaand onderzoeker aan het Salk Institute for Biological Studies in San Diego) bleek dat slechts 10 procent van de Amerikanen binnen een tijdsbestek van 12 uur al hun voedsel eten. Dit betekent dus dat de meeste mensen wanneer ze wakker zijn bijna voortdurend eten. Ook bleek dat de meerderheid van de Amerikanen bijna 15 van de 24 uur op een dag eten en dat ze meer dan 35 procent van hun calorieën na 18.00 's avonds consumeren wanneer energiebehoeftes het laagst zijn. Van wat ik om me heen zie en hoor vermoed ik dat dit bij Nederlanders ongeveer hetzelfde is. Nog steeds wordt er verkondigd dat het ontbijt de belangrijkste maaltijd van de dag is met als gevolg dat veel mensen direct na het ontwaken al beginnen met eten. Ook tussendoortjes worden nog altijd aangeraden (want dat was toch goed om de verbranding op gang te houden?). Na de avondmaaltijd nog een *late night snack* bij een glas wijn en zo wordt er van 's morgens vroeg tot 's avonds laat iets in de mond gestopt. Dit non-stop eten heeft ernstige gevolgen voor onze gezondheid; ons lichaam is niet gemaakt om de hele dag door voeding te verwerken. Alle organen, weefsels en cellen hebben een eigen interne klok. Zo ook je spijsverteringsorganen. Deze, maar ook andere organen, hebben elke dag een aaneengesloten

periode van minimaal 8 uur rust nodig om te kunnen herstellen. En zolang er voeding verwerkt moet worden is er geen tijd en energie om die herstel-werkzaamheden uit te voeren.

WANNEER ONGEZONDE VOEDING BETER IS DAN GEZONDE

Dr. Panda heeft onderzoek gedaan op zowel mensen als muizen. Hij kwam tot de ontdekking dat er veel gezondheids-voordelen zijn wanneer je dagelijks tijdens een periode van 12 uur of minder je voeding tot je neemt. En die voordelen staan los van de soort voeding die genuttigd werd. Zelfs een ongezond dieet genuttigd op de goede tijden (binnen een *eating window* van 12 uur of minder) heeft meer voordelen dan een gezond dieet dat gegeten wordt op de verkeerde tijdstippen. Uiteraard is het van belang dat je de gezonde dingen eet, maar dit kan net zo schadelijk zijn als een dieet van junkfood als je de hele dag door eet.

ETEN IN EEN EATING WINDOW

Je eetperiode inkorten tot 12 uur heeft waanzinnig veel voordelen voor je gezondheid en stofwisseling. Een fijne app om bij te houden wanneer je gestart bent met vasten is ZERO. Dit helpt je om ook echt niks meer in je mond te stoppen als je vastenperiode in gaat. Tijdens de vastenperiode drink je alleen nog water, thee of zwarte koffie (koffie uiteraard alleen in de ochtend en niet in de avond) en niks waar calorieën in zit. Dus ook geen frisdrank, sap of wijn meer in de avond. Ook een cappuccino of suiker in je koffie doorbreekt het vasten; je lichaam moet als reactie daarop weer insuline aanmaken wat allerlei processen op gang brengt.

Wanneer een *eating window* van 12 uur je makkelijk afgaat kun je geleidelijk afbouwen naar een kleinere periode van bijvoorbeeld 10 of 8 uur. Onthoud dat minder niet altijd beter is. Er zijn mensen die binnen 4 uur eten of maar één maaltijd per dag nuttigen. Dat kan allemaal als je je er goed bij voelt, maar dat verschilt per persoon en is geen 'must' voor je gezondheid. De voordelen starten al als je binnen een periode van 12 uur je voeding eet en de overige 12 uur je lijf de tijd en rust geeft om te herstellen en te repareren. Doe dus waar jij je goed bij voelt.

HOE?

Tijdsgebonden eten, *time-restricted eating* (TRE), is een vorm van periodiek vasten; *Intermittent Fasting*. Dagelijks een periode van aaneengesloten uren waarin we niet eten is normaal, hoe we altijd geleefd en gegeten hebben en waar ons lichaam het beste op reageert. De allerbelangrijkste stap binnen de timing van je voeding is om te beginnen met 3 uur voordat je naar bed gaat niks meer te eten. Eén van de nadelige effecten van laat eten is de verstoring van je circadiaanse ritme. Je lichaam volgt een dagritme; elke cel, elk weefsel heeft een eigen klok die bepaalt wanneer er genen aan en uitgeschakeld worden en wanneer en welke hormonen er aangemaakt moeten worden. Dit ritme regelt je spijsvertering, immuunsysteem en hormoonhuishouding en is de basis voor een goede gezondheid. Leven volgens je bioritme is een eerste voorwaarde om je goed te voelen en optimaal te functioneren. In de uren voordat je gaat slapen nog eten, ook al is het maar iets kleins, verstoort je circadiane systeem en hormoonhuishouding met uiteindelijk heftige gevolgen voor de gezondheid. Zorg dat je minimaal 3 uur voordat je je bed in stapt niks meer eet of drinkt wat calorieën bevat; dus ook geen glas melk, sap, frisdrank of wijn.

WAT WE ETEN IS BELANGRIJK, MAAR WANNEER WE ETEN TELT MISSCHIEN NOG WEL VEEL MEER

WANNEER JE EET BEÏNVLOEDT JE VET-VERBRANDING

Nog steeds denken veel mensen dat calorieën tellen de enige manier is om gewicht te verliezen. Programma's voor gewichtsverlies zijn bijna altijd gericht op de onbalans tussen energieverbruik en calorie-inname. Maar *calories in vs calories out* is niet het enige dat telt. Wat we eten is belangrijk, maar wanneer we eten telt misschien nog wel veel meer. Recente studies koppelen energieregulatie aan onze circadiane klok waaruit blijkt dat de timing van voedselinname een belangrijke rol speelt bij gewichtsregulatie. Laat eten vermindert je vermogen om effectief vet te verbranden. Onderzoekers ontdekten dat als muizen een laag calorisch dieet volgden maar deze rond bedtijd consumeerden er geen gewichtsverlies was, terwijl als ze dezelfde hoeveelheid voeding gaven wanneer ze ontwaakten de muizen in harmonie met hun circadiaanse ritme aten en wel gewicht verloren. Dezelfde resultaten worden gezien in onderzoeken bij mensen. Een groep van Harvard wetenschappers en Spaanse diëtistes toonden aan dat personen die hun dagelijkse calorie-inname verspreiden over een langere tijd en later aten bijna geen gewicht verloren. De personen die grotere maaltijden aten gedurende de dag maar niet meer in de avond aten verloren veel meer gewicht. Welk dieet je ook volgt, als je af wilt vallen speelt de timing van je voeding een cruciale rol. Wanneer je eet is nog belangrijker dan wat je eet. Eet binnen een periode van 8-12 uur je voeding en eet minimaal 3 uur voordat je gaat slapen niks meer.

WAT?

BEWEEG IN JE NATUURLIJKE RITME.
Gebruik de eerste 12 uur van de dag voor activiteiten zoals werk, intensieve workouts en trainingen.

WAAROM?

Om alle processen in je lichaam zo optimaal mogelijk te laten verlopen, om ziekten en versnelde veroudering te voorkomen en om je hormoonbalans te optimaliseren is het van belang dat je leeft volgens je bioritme. In onze samenleving wordt heel weinig rekening gehouden met ons natuurlijke dag- en nachtritme. Langdurig je bioritme verstoren door de manier waarop je eet, leeft en beweegt ontregelt je lichaam. Oorspronkelijk komen wij mensen, als homo sapiens, bij de evenaar vandaan. En daar bestaat het natuurlijke dag- en nachtritme uit 12 uur dag en 12 uur nacht. Dat is ook het ritme dat we hier op het Noordelijk halfrond in het voor- en najaar ervaren; waar onze genen op ingesteld zijn en hoe we het beste functioneren. Onze interne klok en daarmee onze cellen, weefsels en organen staan nog steeds ingesteld op dat ritme van twaalf-twaalf. Ook al zijn we vanaf de evenaar ons gaan verspreiden over de aardbol en leven wij hier in het noorden; dit oerritme bepaalt nog steeds ons functioneren.

Zowel eten, (dag)licht en beweging zijn 'zeitgebers' en geven je lichaam het seintje dat het dag is. Andersom worden de uren van afwezigheid daarvan door de hersenen beschouwd als zijnde nacht. De nacht is voor je lichaam het moment van herstel en reparatie. In de nachturen, dus ook de uren waarop je niet slaapt maar die wel horen bij de 'nacht-helft' van de 24 uur, gaat je

MELATONINE ZORGT ERVOOR DAT VET GEDURENDE DE NACHT WORDT AFGEBROKEN WAAR HET ONDER ANDERE ALS VOEDING GEBRUIKT WORDT DOOR HET IMMUUN-SYSTEEM.

immuunsysteem aan de slag. Wanneer je 's avonds nog een intensieve workout doet, maar ook als je nog aan het werk bent of andere activiteiten doet die eigenlijk bij de dag horen, blijft je lichaam nog adrenaline produceren en kom je niet in de fase waarin je lichaam het slaaphormoon melatonine gaat produceren. Melatonine is niet alleen belangrijk om in slaap te komen maar speelt een hele belangrijke rol in onze gezondheid. Zo zorgt dit hormoon er onder andere voor dat afvalstoffen die zich gedurende de dag in je brein opstapelen 's nachts weer afgevoerd worden. Daarnaast stimuleert melatonine de aanmaak van het groeihormoon dat zorgt voor herstel van je lichaam en hersenen en zorgt het voor een efficiënt gebruik van vet als energiebron. Overdag wordt vet opgeslagen in ons lichaam en groeien onze vetcellen. Melatonine zorgt ervoor dat het vet gedurende de nacht weer wordt afgebroken waar het onder andere als voeding gebruikt wordt door het immuunsysteem. Zonder melatonine blijven de vetcellen 's nachts groeien, wat op den duur ontstekingsprocessen teweegbrengt in het lichaam en onder andere overgewicht veroorzaakt.

HOE?

Ideaal is een ritme waarbij de eerste 12 uur na het ontwaken in het teken staan van activiteit, eten, licht en beweging. Die eerste 12 'dag-uren' is de helft van de dag waarop je gaat werken, bewegen en trainen. De tweede helft zou zo veel mogelijk in het teken moeten staan van rust en herstel. Niet alleen door de afwezigheid van voeding en licht maar ook door intensieve beweging te vermijden. 12 'nacht-uren' betekent niet dat je 12 uur gaat slapen, maar wel dat je de uren voorafgaand aan het slapen je lijf en hersenen al in een 'nachtmodus' brengt.

BOEKENTIP:
THE CIRCADIAN CODE
- SATCHIN PANDA

KIJKTIPS:
HEALTH LIES IN HEALTHY CIRCADIAN HABITS
- SATCHIN PANDA, TEDXBEACONSTREET (YOUTUBE)

CIRCADIAN CODE TO EXTEND LONGEVITY
- SATCHIN PANDA, TEDXBEACONSTREET (YOUTUBE)

DOCTOR IN THE HOUSE
- 'ONLY HUMAN' (AFLEVERING 16 DEC. 2016) (YOUTUBE)

Extra tool
INTERMITTENT FASTING

WAT?

Intermittent fasting, ofwel periodiek vasten, is iets wat iedereen al elke dag in meer of mindere mate doet. Immers de periode waarin je geen voeding tot je neemt, en dat is voor iedereen in ieder geval tijdens het slapen, ben je aan het vasten. Time-restricted eating, ofwel het eten in een tijdsraam, is al een vorm van intermittent fasting, maar er zijn vele manieren waarop je dit toe kunt passen. Intermittent fasting is een methode die ik al jarenlang succesvol toepas, zowel bij mijzelf als bij cliënten. Een aantal jaren geleden keken veel mensen nog raar op als je vertelde dat het gezond is om af en toe eens niet te eten of een maaltijd over te slaan. Intussen is Intermittent fasting over de hele wereld door grote groepen mensen omarmd als eetwijze. En ook wetenschappelijk is vastgesteld hoeveel gezondheidsvoordelen het heeft om geregeld te vasten.

HOE?

Maak jij al geruime tijd gebruik van Time Restricted Eating en gaat je dat makkelijk af, dan kun je eens kijken of je zo nu en dan eens je *eating window* kunt verkleinen naar 8 uur.
16:8 is een veelgebruikte methode binnen intermittent fasting. Hierbij ben je 16 uur aan het vasten en eet je tijdens de dag binnen 8 uur. Zorg dan nog steeds dat je overdag, en dus volgens je bioritme, eet en dat je minimaal 3 uur voordat je gaat slapen stopt met eten.
Een andere veel gebruikte methode is 2:5, waarbij je 2 dagen in de week vastendagen aanhoudt. Je eet dan volgens een vastgestelde calorie-inname: 500 calorieën voor vrouwen en 600 calorieën voor mannen. De overige 5 dagen eet je naar eigen behoefte.
Nog een andere manier om gebruik te maken van de gezondheidsvoordelen van vasten is de 24 uur-vast waarbij je 24 uur niks eet. Dit kun je bijvoorbeeld één dag per week toepassen. Uiteraard zijn er nog veel meer varianten en manieren, maar dit zijn de bekendste en meest toegepaste.

EEN AANTAL VOORDELEN VAN VASTEN OP EEN RIJ:

- BETERE VETVERBRANDING
- VERBETERING VAN JE INSULINEGEVOELIGHEID
- VERSTERKING VAN JE IMMUUNSYSTEEM
- STABIELERE BLOEDSUIKER-SPIEGEL
- OPTIMALISERING DARM-FLORA
- VERBETERING HORMOON-BALANS
- BEVORDERT SPIER-OPBOUW
- ONTSTEKINGSREMMEND
- POSITIEVE INVLOED OP HET BREIN
- JE VOELT JE FITTER EN ENERGIEKER
- VERBETERING CHOLESTEROLWAARDEN
- VERMINDERT JE KANS OP KANKER
- ANTI-VEROUDERING

WAAROM?

Onze genen zijn aangepast en ingesteld op periodes van schaarste die afgewisseld worden door periodes van overvloed. Dit was immers hoe we miljoenen jaren leefden; we waren afhankelijk van de seizoenen, de natuur en onze leefomgeving voor ons voedsel. Soms was er voldoende voedsel, bijvoorbeeld in de oogsttijd, en konden we meer rusten. Maar zelfs dan werd er meer bewogen dan de gemiddelde moderne mens dagelijks beweegt. De gemiddelde zittijd van een moderne jager-visser-verzamelaar is ongeveer één tot twee uur per dag terwijl de moderne mens zo'n veertien uur per dag zit (naast de slaaptijd) Andere periodes, zoals in de winter, was er meer schaarste en moesten we relatief veel inspanning leveren om voedsel te kunnen vinden. In onze westerse maatschappij ontbreekt die afwisseling, is er het gehele jaar overvloed en bewegen we minder en minder. Eigenlijk is het hele jaar 'nazomer' voor onze stofwisseling; wat niet ten goede komt van ons lijf en ons brein. Een Amerikaans onderzoek naar de oorzaak van obesitas en cardiometabole ziekten gaf als conclusie: '*The real problem is that the metabolic winter never comes*'. Door natuurlijke leefgewoontes en omstandigheden uit het verleden na te bootsen en uit onze comfortzone te komen worden we weer sterker, gezonder en weerbaarder. Dus ook het nabootsen van schaarste door middel van periodiek vasten.

Inmiddels zijn er ontzettend veel wetenschappelijke onderzoeken die de vele voordelen van intermittent fasting hebben aangetoond. Dr. Valter Longo, directeur van het Longevity Institute van de University of Southern California in Los Angeles is op dit gebied altijd een pionier geweest die veel baanbrekend onderzoek heeft gedaan naar regeneratieve vermogens op cel- en orgaanniveau. Hij noemt vasten dan ook 'verjonging activeren van binnenuit'.

LET OP: Vasten wordt afgeraden aan: kinderen en tieners, zwangere vrouwen, vrouwen die borstvoeding geven, mensen met diabetes mellitus type 1, mensen met ondergewicht, een gevoeligheid voor of een verleden met een eetstoornis.

MEER WETEN OVER DIT ONDERWERP?

In mijn boek *Intermittent Fasting* beschrijf ik uitgebreid alle voordelen van deze manier van eten en leven.

ANTI-AGING DOOR TE VASTEN

Intermittent fasting vertraagt het verouderingsproces op meerdere manieren en is daarom een perfecte extra tool op weg naar de fitste versie van jezelf. Tijdens het vasten worden er genen geactiveerd die herstel-en reparatiewerkzaamheden in gang zetten. Deze herstelwerkzaamheden worden geactiveerd door de productie van HGH, *human growth hormone*. Door het vasten stijgt de productie van dit menselijke groeihormoon spectaculair. HGH is het tegenovergestelde van insuline, een hormoon dat bedoeld is om energie op te slaan. Waar chronische verhoogde insulinespiegels zorgen voor versnelde veroudering, staat HGH bekend als verjongingshormoon. Het zorgt voor een betere vetverbranding en meer spieropbouw. Het is verantwoordelijk voor de reparatie van cellen en weefsels en is bepalend voor je stofwisselingssnelheid. De productie van HGH stimuleer je door een goede nachtrust, te sporten en te vasten.

Een ander proces dat gestimuleerd wordt door te vasten is autofagie. Na een aantal uren van niet-eten treedt dit natuurlijke proces in je lichaam op. *Autofagie* betekent letterlijk '(je) zelf (op)eten'. Onder gezonde omstandigheden vindt er continu celsterfte plaats in je lichaam; dit is onderdeel van het eindeloze vernieuwingsproces in je lichaam waarbij er continu cellen afsterven en er tegelijkertijd nieuwe worden aangemaakt. Als dit proces goed loopt en in afbraak en opbouw in balans is met elkaar blijven je cellen, weefsels en organen goed functioneren. Door het proces van autofagie te stimuleren door middel van geregeld vasten werkt je lichaam efficiënter, ruim je overbodige, ongezonde cellen op en vertraagt het verouderingsproces.

Daarnaast kan vasten een grote rol spelen bij het voorkomen en afremmen van neurodegeneratieve ziektes zoals Alzheimer en Parkinson door de productie van BDNF (*brain-derived neurotrophic factor*) Dit eiwit wordt ook wel de '*Miracle-Grow' for the brain* genoemd. Het is belangrijk voor het overleven van neuronen en het vormen van nieuwe zenuwcellen in de hippocampus, het gebied in je hersenen dat te maken heeft met geheugen en leren. Daarnaast zorgen hogere BDNF-waarden voor een beter humeur. Vanuit evolutionair oogpunt is ook dat weer heel logisch. Wanneer er voedselschaarste is, is het voor je overleving belangrijk dat je scherp bent, goed na kunt denken en dat je geheugen goed functioneert. Door regelmatig te vasten gaat je brein beter functioneren en wordt het stressbestendiger.

PODCASTTIP:
'HOW FASTING RESETS YOUR BIOLOGY AND HELPS YOU LIVE LONGER'
– VALTER LONGO, PH.D., WITH DAVE ASPREY – #812

KIJKTIPS:
HET 5:2 VASTEN DIEET DOCUMENTAIRE
- BBC MICHAEL MOSLEY, TE BEKIJKEN VIA WWW.HETVASTENDIEET.NL/VASTENDIEET-VIDEO-MICHAEL-MOSLEY/

DOKTERS VAN MORGEN, SEIZOEN 4, AFLEVERING 1- 'VASTEN'
TE BEKIJKEN VIA WWW.NPOSTART.NL/DOKTERS-VAN-MORGEN/08-10-2019/AT_2121127

BOEKENTIP:
HET VASTEN DIEET
DR. MICHAEL MOSLEY & MIMI SPENCER

DE DR. LUDIDI VASTEN-METHODE, INTERMITTENT FASTING: VERANTWOORD VASTEN VOOR IEDEREEN
- SAMEFKO LUDIDI

INTERMITTENT FASTING
NANNEKE SCHREURS

HOOFDSTUK 7

Herstel

DOOR RUST,
ADEM EN SLAAP

STAP 7

LAAT JE LICHAAM OPTIMAAL HERSTELLEN MET BEHULP VAN STRESSBEHEERSING, ADEM, ONTSPANNING EN SLAAP

Wanneer je fitter, slanker en/of sterker wilt worden zijn voeding en training vaak het eerste en soms ook het enige waar je aan denkt. Maar aanpassingen op dat gebied hebben weinig zin als je veel stress of een slaaptekort hebt. Het effect daarvan op alle processen in je lichaam wordt door de meesten van ons zwaar onderschat.

BIJ TE VEEL STRESS WORDEN DE BIJNIEREN OVER-BELAST EN RAKEN HORMONEN UIT BALANS.

De meeste gezondheidsproblemen zoals verstoringen in de hormoonhuishouding worden veroorzaakt door een te lage belastbaarheid. Zowel ons lijf als ons brein is vaak al jarenlang blootgesteld aan allerlei verschillende vormen van chronische stress zoals slecht slapen, luchtvervuiling, toxische stoffen in zowel voeding als cosmetica, et cetera. Je bijnieren geven altijd prioriteit aan het produceren van stresshormonen, aangezien die noodzakelijk zijn voor je overleving. Geslachtshormonen gaan ze pas aanmaken als ze daar ruimte voor over houden. Bij te veel stress worden de bijnieren overbelast en raken de hormonen uit balans. Voor een optimale gezondheid, om de fitste versie van jezelf te worden en te zorgen dat je hormonen in balans komen of blijven zijn rust, herstel, stressbeheersing en slaap van essentieel belang.

HOE?
Vind innerlijke balans door middel van je hartslagvariabiliteit (HRV), adem, nervus vagus en slaap.

HRV
Ga eens ontspannen op de grond liggen en roep dan boze gedachten op. Dat gaat niet! Wanneer je boos bent kun je je lichaam niet meer ontspannen. Lichaam en geest, hart en hersenen, zijn onlosmakelijk met elkaar verbonden. Maar wist je dat ook onbewuste gevoelens en gedachten direct effect hebben op de gezondheid van je hart?
Je HRV is je hartslagvariabiliteit en dat is de periode tussen je opeenvolgende hartslagen. Stel: jouw hartslag is 60 slagen per minuut; dat wil niet zeggen dat je precies elke seconde een hartslag hebt. Dat varieert. Dus de ene keer komt de hartslag na een seconde dan weer na 0,58 seconde, dan weer na 1,01 seconde et cetera. Die variatie is je HRV. Hoe hoger je HRV, hoe variabeler de hartslag, hoe gezonder het hart. Hartslagvariabiliteit neemt toe tijdens ontspanning- en herstelactiviteiten en af tijdens stress. Respectievelijk is de HRV hoger wanneer de hartslag lager is en lager wanneer de hartslag hoger is. Dit varieert gedurende de dag aan de hand van je activiteiten en stress.

ONS ZENUWSTELSEL HEEFT TWEE SYSTEMEN:
• Het sympathische systeem, dit controleert je vecht- en vluchtreacties. De activiteit hiervan versnelt het hartritme.

• Het parasympathische systeem, dit hoort bij ontspanning, rust en herstel en vertraagt het hart.

Dit zijn eigenlijk onze rem- en gaspedalen. We hebben ze allebei nodig en ze moeten allebei in topconditie zijn zodat ze elkaar, wanneer nodig, kunnen compenseren. Allebei de systemen zijn continu bezig het hart te versnellen en af te remmen. Daarom is de pauze tussen twee opeenvolgende hartslagen nooit gelijk.
Die veranderlijkheid is dus heel gezond omdat het aangeeft dat zowel je rem als je gaspedaal goed functioneert.

Tijdens mijn opleiding aan de EnergyControl Academy bij Stans van der Poel leerde ik werken met een apparaat dat onder andere de HRV meet. Als test werd ik zelf op het apparaat aangesloten en moest ik onder tijdsdruk een ingewikkelde rekensom oplossen. Zonder dat deze situatie nou echt stressvol aanvoelde zag ik tot mijn verbazing dat mijn hartslag steeg en het verloop van de lijn onregelmatig en rommelig werd. Ook al voelde het niet als een echte inspanning, toch had deze situatie al effect op mijn hartslag en HRV.
Daarna moest ik een prettige, blije herinnering oproepen. Daarop veranderde de curve binnen enkele seconden van onregelmatige chaotische haken in regelmatige, vloeiende lijnen. Wanneer de variaties zwak en chaotisch zijn trappen we zonder vast patroon afwisselend op het gas- en rempedaal. Als de variatie in hartslag sterk en gezond is wisselen de fases van versnellen en vertragen elkaar snel en regelmatig af. Dan zie je een golvende beweging en is er sprake van coherentie.

Hoge coherentie

Lage coherentie

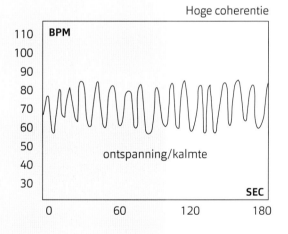
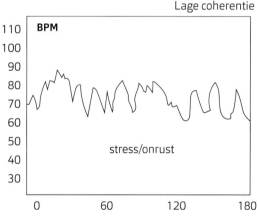

POSITIEVE EMOTIES ZOALS VREUGDE EN LIEFDE BEVORDEREN JE HARTCOHERENTIE.

Wanneer we geboren worden is de veranderlijkheid het sterkst; als onze dood nadert het laagst. De afname is een teken van ouder worden, maar het verminderen van die veranderlijkheid komt vooral omdat we onze rem, het parasympathische systeem, niet goed onderhouden. Als we alleen maar op het gaspedaal drukken en nooit de rem gebruiken werkt de rem op een gegeven moment niet meer goed. Als je dat te lang blijft doen pleeg je roofbouw op jezelf en raak je uiteindelijk opgebrand.

Diverse onderzoeken hebben aangetoond dat negatieve emoties zoals woede, angst en verdriet, maar ook de meest onbenullige zorgen (denk aan de rekensom) de veranderlijkheid in hartritme drastisch veranderen en dus effect hebben op onze gezondheid. Positieve emoties zoals vreugde en liefde bevorderen je hartcoherentie.

Coherentie is dus niet een staat van ontspanning, maar meer een situatie waarin we in een 'flow', in harmonie met onszelf zijn. Als we innerlijke balans vinden heeft de buitenwereld uiteindelijk minder grip op ons en daarmee op onze gezondheid en levensverwachting.

Er is een heel effectieve en eenvoudige manier om de veranderlijkheid van je hartslag te vergroten en voor coherentie te zorgen. Het is een oefening die ik in bijna elke yogales die ik geef gebruik. Doe deze oefening zo'n 5-10 minuten minimaal één, maar liever vaker, per dag. Een mooi moment voor deze oefening is voor het slapengaan.

ADEMOEFENING

- Richt je aandacht naar binnen en laat alle indrukken van de buitenwereld naar de achtergrond verdwijnen. Alles waar je je druk om maakt parkeer je even. Die dingen wachten wel.

- Adem rustig in door je neus en vervolgens weer uit door je neus. Maak de uitademing iets langer dan de inademing; dat stimuleert meteen je parasympathische systeem, waardoor de balans al iets meer doorslaat naar je remsysteem.

- Je stuurt je ademhaling niet, het enige dat je bewust doet is pauzeren na je uitademing. Dus in door je neus, uit door je neus en dan pauzeren. Je hoeft niet zo lang mogelijk te pauzeren. Je ademt weer in als je lichaam het seintje geeft dat het weer tijd is.

Terwijl je dit doet breng je je aandacht naar je hart. Beeld jezelf in dat er bij elke uitademing meer ruimte en zachtheid rondom je hart ontstaat.

Onderzoekers van het Hearthmath Institute hebben aangetoond dat het oproepen van positieve emoties al snel leidt tot
coherentie in het ritme van je hartslag. Als we ons laten leiden
door positieve emoties neemt de coherentie in kracht toe.
Als we ons laten leiden door zorgen en negatieve gedachten
neemt de coherentie meteen af en maakt deze plaats voor
chaos.
Kortdurende stress is goed voor ons lichaam. Chronische
stress maakt ons ziek en zorgt ervoor dat we korter leven. Om
de fitste versie van jezelf te worden en gezond oud te worden
ligt de basis bij je hart – het centrum van de liefde.

DE SLEUTEL TOT ONTSPANNING, STIMULEER JE NERVUS VAGUS

Oude natuurgeneeswijzen en filosofieën zoals de ayurveda,
chinese geneeskunde of yoga hebben eeuwenlange tradi-
ties en gewoontes die van generatie op generatie worden
doorgegeven. In de westerse maatschappij zijn we vaak pas
overtuigd van de positieve effecten als ze ook wetenschappelijk bewezen worden. Een positief gevolg daarvan is wel
dat er vaak hele interessante mechanismes ontdekt worden.
Eén daarvan is het bestaan en de werking van de nervus
vagus; een hersenzenuw die verwant is aan onze emoties en
gevoelens. Het is de langste zenuw die vanuit de hersenen
verbinding maakt met darmen, maag, hart en longen.

SAMENSPEL TUSSEN GAS GEVEN EN REMMEN

In ons lichaam is er een samenspel tussen het sympathische
en parasympathische zenuwstelsel; ons gaspedaal en onze
rem. Bij de meesten van ons wordt er te vaak en te veel op het
gaspedaal en te weinig op de rem gedrukt. Dat veroorzaakt
stress, vermoeidheid en gezondheidsklachten. De nervus vagus is de koningin van het parasympathische zenuwstelsel en
bepaalt voor een groot deel onze psychologische en emotionele gezondheid. Wanneer de nervus vagus goed werkt is er
veel activiteit: een teken van goede gezondheid, focus, mentaal welzijn en stressbestendigheid. Wanneer de nervus vagus
niet goed functioneert is er weinig activiteit. Dit is het geval bij
ziekte en bij mensen die makkelijk gestrest raken en moeite
hebben zichzelf te kalmeren na een stressvolle situatie. Om
te weten hoe het met jouw nervus vagus is gesteld kun je je
HRV meten. Die wordt uitgedrukt in milliseconden en geeft
veel inzicht in je herstel, stressniveau, emotionele bevinden
en vermoeidheid. Ik meet mijn HRV met een Oura-ring, maar
er zijn ook andere manieren zoals de app HRV4training.

JE NERVUS VAGUS TRAINEN

Net zoals spieren kun je ook je nervus vagus trainen en sterker maken. Op die manier verbeter je je gezondheid en stressbestendigheid. Hoe meer je deze *chill out*-zenuw stimuleert, hoe beter. Er zijn verschillende manieren waarop je dat kunt doen:

• ZINGEN Volgens onderzoek stimuleer je de nervus vagus door zowel in je eentje als samen met anderen te zingen. Door samen te zingen synchroniseren je ademhalingspatron en je hartritme, wat een positief effect heeft.

• WANDELEN OP BLOTE VOETEN in de natuur. In de voetzolen bevinden zich heel veel uiteinden van zenuwbanen die door je hele lichaam lopen. Door op blote voeten over het zand of op een bospad te lopen stimuleer je je nervus vagus.

• MEDITATIE Het activiteitsniveau van de nervus vagus verhoogt automatisch tijdens meditatie. Bovendien ontdekten onderzoekers dat de Om-mantra het activiteitsniveau van de zenuw verhoogt. Tegelijkertijd daalt de activiteit van de amygdala. De amygdala is het emotionele centrum van onze hersenen en speelt een grote rol in de ervaring van angstgevoelens.

• YOGA Lichaamsbeweging in welke vorm dan ook kan deze zenuw stimuleren, maar yoga verdient extra aandacht doordat het de activiteit van de nervus vagus verbetert door stimulatie van het parasympathische zenuwstelsel. Zo was de conclusie van één studie dat yoga daarnaast ook de productie van GABA (een neurotransmitter die een grote rol speelt bij ontspanning) verbetert.

• ACUPUNCTUUR, met name rond het oor, verbetert de activiteit van de zenuw.

• VOETREFLEXOLOGIE heeft volgens onderzoek een stimulerende werking op de nervus vagus.

• SOCIALE INTERACTIE. Studies laten zien dat er een duidelijk verband is tussen opbeurende sociale verbintenissen, positieve emoties en fysieke gezondheid. Dit verband zou veroorzaakt worden door de nervus vagus. Daarom is samenkomen met vrienden een goede manier om deze zenuw te stimuleren. Zoek de mensen op met wie je kunt lachen en een leuke tijd kunt beleven. Lachen versterkt relaties en zorgt voor afwisseling in de snelheden van je hartritme (een goede HRV dus).

Eigenlijk alles waarbij jouw hartslag op een fijne manier daalt geeft je nervus vagus een reset.

TIP:
Check www.dewandeldate.nl/tips/top-10-blotevoetenpaden-nederland-en-belgie voor blote voeten-paden in Nederland en België.

OPTIMALISEER JE SLAAP

Het lijkt tegenwoordig meer regel dan uitzondering dat mensen slecht of te kort slapen en niet of te weinig ontspannen. Een goede nachtrust duurt tussen de 7-9 uur en je zou uitgerust uit jezelf wakker moeten worden. Heb je rond 10.00-11.00 weer het gevoel dat je zou kunnen slapen of heb je koffie nodig in de ochtend om normaal te presteren? Dan is je slaapkwaliteit niet optimaal.

Maar hoe korter en slechter je slaapt, hoe korter je leeft. Punt. Zo simpel is het. Slaap wordt meestal zwaar onderschat als bepalende factor voor onze gezondheid, maar ook op onze lichaamssamenstelling. We hebben het vaak over voeding en beweging, maar zien slaap helaas veelal over het hoofd.

DE INVLOED VAN SLAAP OP JE STOFWISSELING

Genoeg slaap zorgt ervoor dat het brein de stofwisseling efficiënt kan aansturen. Alle organen volgen het 24-uursritme dat de biologische klok in de hersenen ze oplegt. Slaap je structureel te kort of draai je 's nachts ploegendiensten, dan raakt de biologische klok in de war en verslapt je stofwisseling. Al na een paar nachten van minder dan 5 uur slaap gaat de maag meer van het trekhormoon ghreline aanmaken, waarmee het een signaal stuurt naar de hersenen: ik wil gevuld worden! Vetcellen gaan juist minder van het verzadigingshormoon leptine uitscheiden, dat normaal gesproken aan de hersenen doorgeeft dat je genoeg hebt gegeten. Wat veel mensen niet weten is dat slaaptekort je energieverbruik nadelig beïnvloedt. En dit komt niet alleen door verhoogde eetlust, hongergevoelens, gevoeligheid voor voedselprikkels (door vermindering van impulscontrole in de hersenen), toename van voedselinname (vooral van hoogcalorisch voedsel) en vermindering van verzadigingsgevoel. Je verbranding gaat letterlijk omlaag en je gaat meer spieren in plaats van vet verbranden waardoor de verbranding nog verder omlaag gaat. Onderzoekers lieten twee groepen mannen en vrouwen veertien dagen lang een dieet volgen waarin ze een calorietekort hadden. Een van de twee groepen mocht niet meer dan 5,5 uur slapen; de andere groep 8,5 uur. Wat bleek? In beide gevallen verloren de deelnemers gewicht, maar het type gewichtsverlies was heel verschillend. Bij de deelnemers die maar 5,5 uur sliepen was 70 procent van het gewichtsverlies afkomstig van spiermassa, niet van vet. De groep die 8,5 uur per nacht sliep bestond 50 procent van het gewichtsverlies uit vetmassa en de overige 50 procent uit spiermassa. Een heel groot verschil dus veroorzaakt door kortere nachten slapen.

HOE KORTER EN SLECHTER JE SLAAPT, HOE KORTER JE LEEFT. PUNT.

Bij een ander onderzoek veroorzaakte een interventie met een gecontroleerd dieet van vier dagen in combinatie met korte slaap (vier uur per nacht) aanzienlijk minder gewichtsverlies dan bij de deelnemers die een goede nacht hadden van 8-9 uur.

Als je niet genoeg slaapt is je lichaam minder bereid om vet af te staan zodat je in plaats daarvan meer spiermassa verliest. Ben jij op dit moment met een voedings- en trainingsschema bezig maar slaap je te weinig? Dan is de kans klein dat je ook daadwerkelijk slanker en gespierder zult worden. Zorg eerst voor voldoende en goede nachtrust. Pas dan ga je de gewenste resultaten halen.

ALS JE NIET
GENOEG SLAAPT,
IS JE LICHAAM
MINDER BEREID OM
VET AF TE STAAN

HOE?

Hoe kun je je slaapkwaliteit positief beïnvloeden?
Mijn top 3 van belangrijke tips voor een gezonde slaap:

1. SLAAP TIMING

Je slaapritme speelt misschien wel de allerbelangrijkste rol
in slaapkwaliteit en hoe je overdag functioneert. Alle lichamelijke processen zoals temperatuur, hormoonhuishouding,
honger, et cetera. lopen in een 24 uurs ritme; ons dag- en
nachtritme, ook wel circadiaans ritme genoemd. Overdag
wakker, alert en actief zijn en 's nachts slapen houdt deze
interne klok in balans. Zorg dat je elke dag rond dezelfde tijd
gaat slapen en weer opstaat, met een speling van ongeveer
60 minuten. Een keertje afwijken is uiteraard geen ramp, als
je op de meeste dagen maar in hetzelfde ritme blijft (ja, ook
in het weekend).

2. VERMIJD ALCOHOL

1-2 glazen alcohol bij je avondeten hebben al een sterk
negatief effect op je slaapkwaliteit. Je slaapt meestal wel,
maar herstelt niet tijdens je slaap.

3. KOM IN DE LAATSTE 2-3 UUR VOORDAT JE NAAR BED GAAT TOT RUST.

De dag is voor activiteit, werk en inspanning. De avond en
nacht zijn voor ontspanning en rust. Vermijd intensieve workouts, beeldschermen, stress en maaltijden op de late avond.
Dit zijn allemaal dingen die je sympathische zenuwstelsel
activeren en zorgen dat je geest en lichaam niet tot rust
kunnen komen. Dit bemoeilijkt vaak het in slaap vallen maar
ook je slaapkwaliteit. Inspanning en ontspanning horen met
elkaar in balans te zijn; activiteit en rust zijn allebei even
belangrijk voor een optimaal gezond lichaam.

Intermittent
sleeping
ALS THERAPIE

Mijn antwoord op de vraag 'Waar kan ik je midden in de nacht voor wakker maken?', luidt steevast: 'Nergens voor, mijn nachtrust is me te dierbaar!'. Toch kan een gebroken nacht een positief effect hebben, mits goed toegepast.

KORTER SLAPEN OM JE BETER TE VOELEN

Het klinkt tegenstrijdig maar uit wetenschappelijk onderzoek is gebleken dat slaapdeprivatie een effectieve therapie is bij zowel depressieve klachten als diverse slaapproblemen . Wanneer je opstaat in de tweede helft van de nacht (en er dus al een halve nacht slaap op hebt zitten); vervolgens minimaal 30 minuten op halve tot anderhalve meter afstand van een bright light daglichtlamp met een minimale luxwaarde van 10.000 doorbrengt geef je je brein als het ware een reset waarin je onder andere de adenosinoreceptoren verhoogt. Belangrijk is het om de gehele verdere dag wakker te blijven en je niet te laten verleiden tot een middagdutje. Even doortrekken tot de avond waarop je dan waarschijnlijk wat vroeger dan normaal, maar niet eerder dan om 20.00 je bed weer in kruipt.

Bij patiënten werd al na één nacht van intermittent sleeping een afname van zo'n 60-80 procent van de depressieve klachten geconstateerd. *Sleep deprivation* kan een heel waardevolle therapie zijn die je uiteraard niet dagelijks zult toepassen. Heb je ernstige psychische problemen, doe dit dan alleen onder begeleiding, zoals bijvoorbeeld bij de chronotherapie die in het UMCG aangeboden wordt:

www.umcg.nl

90 DAGEN-PROGRAMMA

Een in de praktijk succesvol gebleken 90 dagen durend programma ter verbetering van de slaap-kwaliteit ziet er als volgt uit:

DAG 1:
Een nacht niet slapen om je inwendige klok te resetten; op 'nul' te zetten.

DAG 2:
Normaal slapen, maar niet eerder dan 20.00 naar bed.

DAG 3:
Op tijd van eigen voorkeur, maar zonder wekker, wakker worden en vervolgens 30 minuten voor een daglichtlamp (minimaal 10.000 Lux) zitten of in de felle zomerzon (indien mogelijk).

DAG 3-90:
Een tryptofaanrijk ontbijt (eieren, spinazie, vis, asperges en gevogelte) en een serotoninerijk avondeten (kersen, kiwi, donkere chocolade, banan-nen, eieren, noten, avocado). Reduceer 's avonds het blauwe licht van beeldschermen (tv, laptop, pc en smartphones) en stel jezelf gedurende de dag zo veel mogelijk bloot aan daglicht.

In Nederland hebben we het grootste gedeelte van het jaar niet de beschikking over voldoende zon- en daglicht. Een daglichtlamp is dan ook het geheim van deze therapie. Ook een aanrader als je last hebt van winterdips. Belangrijk is dat het een lamp van 10.000 Lux is.

MASTER JE MINDSET EN ZIE STRESS ALS IETS POSITIEFS

Stress is niet altijd te voorkomen. Wat we wel kun-nen veranderen is de manier waarop we ermee omgaan.

Stressprikkels zijn, in de juiste dosering, gezond en levensverlengend. Dit geldt niet alleen voor fysieke prikkels, maar ook voor hoe je de stress, zowel lichamelijk als geestelijk, ervaart. Het zit hem in de manier waarop je er tegenaan kijkt. Stress wordt meestal als iets negatiefs gezien. We hebben 'last' van stress zeggen we dan. Maar uit onderzoek is gebleken dat stress alleen maar slecht voor je is als je gelooft dat het slecht is.
We kunnen niet voorkomen dat we in stressvolle situaties belanden. Maar je kunt wel veranderen hoe je er tegenaan kijkt. Stress is een gezond pro-ces en heeft een functie. Het zorgt ervoor dat ons lichaam en onze geest in lastige omstandigheden optimaal kunnen functioneren.

- HET LEVERT FOCUS, ALERTHEID EN ENERGIE OP
- HET VERSTERKT SOCIALE CONTACTEN EN DE BAND MET JE DIRECTE OMGEVING
- JE WORDT CREATIEVER IN HET OPLOSSEN VAN PROBLEMEN

Kortom, stress zorgt dat je alerter, creatiever en productiever wordt. Als je stress op die manier be-kijkt, levert het je alleen maar voordelen op. Je zult je niet minder gestrest gaan voelen, maar in plaats van negatieve energie levert het je dan positieve energie op.

HET EFFECT VAN STRESS OP JE GEZONDHEID

Uit een Amerikaans onderzoek waarbij 30.000 volwassenen acht jaar lang gevolgd werden bleek dat mensen die stress hadden én geloofden dat stress slecht was voor hun gezondheid, 43 procent meer kans hadden om te sterven. De deelnemers die zich geen zorgen maakten over hun stresslevels waren gezonder en leefden ook langer. Ze leefden zelfs langer dan de mensen die geen spanningen ervaarden in hun leven.

Je mindset is dus allesbepalend voor de impact die stress op je gezondheid heeft. Wanneer je dénkt dat stress slecht is voor je gezondheid is het dat ook. Stop dus met stressen over stress en zie het als iets positiefs wat je juist kan helpen een uitdaging aan te gaan. Makkelijker gezegd dan gedaan? Ben je aan het piekeren en reageer je heel emotioneel op omstandigheden en situaties? Gebruik dan tijdsdistantiëring. Als er ongewenste, negatieve gedachten bij je opkomen, stel je jezelf de volgende vraag: 'Heeft deze gebeurtenis over tien jaar nog invloed op mij?' Als je je er bewust van wordt dat aan elke gebeurtenis en situatie en de invloed daarvan op je leven een einde komt, is het ook makkelijker om los te laten.

TRAIN JEZELF IN BLIJDSCHAP

Positieve emoties hebben een positief effect op onze gezondheid. Blijheid, ontspanning, dankbaarheid; het zijn allemaal gemoedstoestanden die onze gezondheid ten goede komen en waar je jezelf in kunt trainen. Door meditatie, ontspanningsoefeningen en bewust momenten te nemen om te bedenken waar je dankbaar voor bent. Maar ook door fysiek gedrag zoals (glim)lachen. De manier waarop je communiceert beïnvloedt je emoties. Als je voorovergebogen loopt en verdrietig gaat kijken ga je je vanzelf down voelen. Loop je met opgeheven hoofd dan voelt dat heel anders. Je non-verbale communicatie heeft gevolgen voor je emoties. Lichamelijke acties kun je dus gebruiken om je gemoedstoestand positief te beïnvloeden

HET POTLOODEXPERIMENT

In de jaren tachtig was er een Duitse psycholoog, Fritz Strack, die daar onderzoek naar heeft gedaan. In een experiment liet hij twee groepen mensen stripboeken lezen. De ene groep moest een potlood tussen hun tanden houden tijdens het lezen. De andere groep mocht dit zonder doen. Het houden van een potlood tussen de tanden stimuleert de grote jukspier; een spier die een belangrijke rol speelt bij glimlachen. De groep mét potlood stond meer open voor de grappige inhoud dan de groep zonder potlood. Men concludeerde daaruit dus voor het eerst dat het namaken van een lach ook je stemming verbetert. Deze ontdekking is van veel invloed geweest binnen de psychologie. Emoties leiden tot bepaalde gezichtsuitdrukkingen, maar andersom werkt het dus ook. Fysieke gelaatsuitdrukkingen kunnen leiden tot bepaalde emoties.

BOEKENTIP:
SLAAP - MATTHEW WALKER

KIJKTIP:
SLEEP IS YOUR SUPERPOWER
- MATTHEW WALKER (YOUTUBE)

STRESSMANAGEMENT BIJ GEWICHTSPROBLEMATIEK

Stressmanagement zou eigenlijk een vast onderdeel moeten zijn bij diëten aangezien stress een belangrijke oorzaak van gewichtstoename is. Dit komt door keuzes die gemaakt worden in tijden van stress. Je ervaart dan dat je meer trek hebt, slecht slaapt of zelfs allebei. Daarbij speelt het hormoon cortisol een grote rol. Overigens niet alleen bij gewichtstoename, maar ook bij heel veel andere klachten.

HET HORMOON DAT JE HELPT TE OVERLEVEN

Als we op wat voor manier dan ook, via reuk, smaak, gehoor maar ook door emoties en gedachten, gevaar signaleren, reageert ons lichaam met maar één doel: overleven. Elke keer gaan je bijnieren aan de slag om verschillende hormonen, zoals cortisol, adrenaline en noradrenaline aan te maken. Als gevolg daarvan komt er glucose (je primaire energiebron bij grote inspanning) vrij in de bloedbaan. Dit alles om je de energie te geven die nodig is om te ontsnappen uit een riskante situatie (de vecht- of vluchtreactie). Zodra de dreiging verdwenen is neemt de adrenalinestoot af en daalt je bloedsuikerspiegel. En dan komt cortisol in een hogere versnelling om je energievoorraad snel aan te vullen. Kortdurende stress zorgt er in de regel voor dat je juist minder trek hebt. Dat is logisch; als je lichaam moet vechten of vluchten is het niet handig om tegelijkertijd nog een lunch weg te werken.

Langdurige chronische stress kan je hongergevoel juist laten toenemen. Dit komt doordat je lichaam denkt dat je calorieën hebt verbruikt door te vechten of vluchten, ook al heb je dat niet. Als gevolg daarvan voelt het de noodzaak dat calorietekort, wat er niet is, aan te vullen. Ons lichaam heeft dan de behoefte aan suikerachtig, vet voedsel. Dat levert namelijk snel de grootst mogelijke hoeveelheid energie, en dat zou je overlevingskansen in vroegere tijden vergroten. Op die manier kan in tijden van spanning te veel en ongezond eten een gewoonte worden.

KLACHTEN DOOR VERMINDERDE CORTISOLPRODUCTIE

Cortisol staat bekend als 'stresshormoon' omdat het geproduceerd wordt in tijden van gevaar en stress. Dat klinkt misschien negatief maar is het niet. Zoals je hierboven hebt kunnen lezen helpt dit hormoon ons juist om te overleven. Alleen is het vooral bedoeld voor acute, kortdurende stress, terwijl we tegenwoordig vaak langdurige, chronische stress ervaren. Als je bijnieren gedurende een lange, aaneengesloten periode cortisol hebben aangemaakt gaan ze uiteindelijk minder produceren. Een verminderde cortisolproductie kan allerlei klachten tot gevolg hebben, zoals concentratiestoornissen, gevoel van uitputting in de ochtend, oedemen, overgewicht en buikvet, verhoogde spierspanning, verhoogde stressgevoeligheid, vertraagde wondgenezing, chronische ontstekingen, een verlaagde pijndrempel en een verslechterd kortetermijngeheugen. Wanneer je nu denkt: hé, dat klinkt wel verdomd veel als overgangsklachten, kan ik je vertellen dat dat inderdaad klopt. Veel overgangsklachten worden veroorzaakt door overbelaste bijnieren, die weer het gevolg zijn van een jarenlange opeenstapeling van stressoren. Interessant is ook dat vrouwen een compleet andere cortisolproductie en -gevoeligheid hebben dan mannen. Vrouwen produceren veel minder lichaamseigen cortisol dan mannen. Een voordeel daarvan is dat het immuunsysteem van vrouwen beter is in het bestrijden van bacteriën en virussen. Nadelige gevolgen kunnen zijn een grotere stressgevoeligheid en toename van buikvet.

BUIKVET

Cortisol kan tot toename van lichaamsvet leiden, maar heeft ook invloed op de plek waar je het opslaat. Uit onderzoek blijkt dat stress en langdurig verhoogde cortisolniveau's eerder leiden tot vetopslag rondom de buik dan op de heupen. Helaas heeft buikvet nadelige gevolgen voor onze gezondheid en geeft dit een verhoogd risico op onder andere hart- en vaatziekten. Bij wie stressvolle periodes wel of niet leidt tot gewichtstoename en meer buikvet valt helaas niet te voorspellen. Niet alleen de hoeveelheid cortisol die geproduceerd wordt, maar ook de stressgevoeligheid verschilt namelijk per persoon. Uit onderzoek onder vrouwen bleek dat degenen die meer cortisol produceren wanneer ze stress ervaren ook meer gingen eten dan de vrouwen die minder cortisol produceerden. Een andere studie bevestigt dat vrouwen met meer buikvet hogere cortisolwaarden hadden. Deze vrouwen gaven aan meer stress in hun leven te ervaren dan de vrouwen die meer vet opgeslagen hadden rondom de heupen.

STRESSMANAGEMENT

Niet alle omstandigheden waarin we leven kunnen we veranderen. Stress is dan ook niet altijd te voorkomen. Wat we wel kunnen veranderen is de manier waarop we ermee omgaan. Lichaamsbeweging is een heel goede manier om beter met stress om te kunnen gaan. Het zorgt voor de aanmaak van endorfines die op hun beurt weer zorgen voor een betere stressbestendigheid en verlaging van je cortisolwaarden. Lichaamsbeweging op lage intensiteit, zoals lopen, fietsen en zwemmen en activiteiten zoals yoga en meditatie helpen cortisolwaarden te verlagen en je stressgevoeligheid te verbeteren. Ook tijd doorbrengen in de natuur heeft een positief effect. Extreem intensieve workouts en langdurige cardiosessies verhogen je stresslevels en hebben juist een tegengesteld effect. Jezelf uitputten en helemaal 'tot het gaatje gaan' werkt dus averechts. Trainingen waarbij je gebruik maakt van een korte, hoge intensiteit zoals HIIT-training of een sprintje trekken tijdens je wandeling zijn wel effectief.

HOE JE JE CORTISOLPRODUCTIE WEER KUNT STIMULEREN

Ben je langdurig blootgesteld aan stress en zijn als gevolg daarvan je cortisolproductie en -gevoeligheid uit balans? Geen nood: je kunt ze op meerdere manieren weer naar een normaal niveau brengen, bijvoorbeeld door je lichaam bloot te stellen aan natuurlijke, kortdurende stressprikkels. Bijvoorbeeld door middel van kou, met behulp van een ijsbad of koude douche, of door warmte, zoals bij een saunabezoek of hot yoga. Ook intermittent fasting is zo'n natuurlijke prikkel die helpt bij het herstel van je bijnieren en stress-systeem.

STRESS IS NIET ALTIJD TE VOORKOMEN. WAT WE WEL KUNNEN VERANDEREN IS DE MANIER WAAROP WE ERMEE OMGAAN.

TIP:
MEDITATION MOMENTS-APP
VAN MICHAEL PILARCZYK

HOOFDSTUK 8

Kracht

STAP 8 — WERK AAN JE KRACHT

WAT?
DOE AAN KRACHTTRAINING

WAAROM?

1. JE WORDT STERKER

Het klinkt zo voor de hand liggend en dat is het ook: van krachttraining... word je krachtiger. Na je 35e gaat spierafbraak sneller dan spieropbouw. *Use it or lose it!* Vanaf dat moment wordt het dus steeds belangrijker om actief aan spieropbouw te werken. Door steeds zwaarder wordende gewichten te tillen, te dragen of te duwen wordt je lichaam sterker. Niet alleen je spieren, maar ook je gewrichten, pezen en botten. Daar profiteer je van bij dagelijkse bezigheden zoals zware tassen dragen, een kind tillen, huishoudelijke bezigheden, et cetera. Maar het maakt je ook mentaal sterker.

2. HET VERHOOGT JE VETVERBRANDING

Wil jij afvallen? Vergeet dan cardiotraining. Nog steeds werken veel vrouwen (en mannen) zich in het zweet om gewicht te verliezen. Maar je wilt geen gewicht verliezen. Geloof me; echt niet! Wat je waarschijnlijk wél wilt is vet verliezen. En de beste manier om dat te doen is krachttraining. De ontwikkeling van spierweefsel zorgt ervoor dat je sneller vet verliest, omdat spieren in rust meer calorieën verbranden dan vetweefsel. Een van de redenen waarom onze verbranding omlaaggaat als we ouder worden is dat we na ons dertigste steeds meer en sneller spiermassa verliezen. Wanneer daar geen krachttraining tegenover staat breken we meer en meer spiermassa af; een van de redenen waarom het uiterlijk van

NA JE 35STE GAAT SPIERAFBRAAK SNELLER DAN SPIEROPBOUW. VANAF DAT MOMENT WORDT HET STEEDS BELANGRIJKER OM ACTIEF AAN SPIER-OPBOUW TE WERKEN.

ons lichaam in de loop der jaren verandert; de verbranding omlaag gaat en het lichaamsvet omhoog. Wil je dat proces afremmen of stopzetten? Dan is krachttraining de manier om dat te doen.

3. JE GAAT ER BETER UITZIEN.

Baal jij van een slappe buik, putjes in je benen of hangende billen? Hou ouder je wordt, hoe meer je spiermassa achteruitgaat. Hierdoor neemt de huidspanning af, waardoor je huid slapper wordt en je rimpels ontwikkelt. Krachttraining, uiteraard in combinatie met de juiste voeding, is dé manier om je lichaam te sculpten en in vorm te houden of te brengen.

4. HET BRENGT HORMONEN IN BALANS

Krachttraining geeft het hormoon testosteron en je groeihormonen (*no worries*, de goede groeihormonen) een boost. Dit heeft een heel positieve invloed op je hormoonbalans, waardoor klachten verminderen of zelfs verdwijnen.

Weerstands- en krachttraining zijn de beste natuurlijke behandelingen voor het verminderen van klachten en symptomen als gevolg van de menopauze. Ze bieden niet alleen op lange termijn bescherming tegen overgewicht en ziektes, ze verminderen ook klachten op korte termijn zoals opvliegers. De typische en veel voorkomende klachten en symptomen tijdens de overgang, zoals VMS, depressie, prikkelbaarheid, slaapstoornissen en toenemend buikvet, lijken misschien normaal, maar zijn dat niet. Al deze verschijnselen zijn vrijwel onbekend in niet-westerse culturen en natuurvolkeren. Een groot gedeelte is dan ook een gevolg van de manier waarop en de omgeving waarin we leven. De klachten ontstaan in de eerste plaats door een verlaagde belastbaarheid. Een voorbeeld daarvan is het verlies van spierweefsel.

Het hebben van opvliegers maakt dat veel vrouwen in de overgang stoppen met sporten, alleen maar om te voorkomen dat ze deze krijgen. Uit onderzoek blijkt echter dat weerstandstraining juist helpt deze te verminderen of voorkomen. De afgifte van bepaalde hormonen door de training heeft een positief effect op je thermoregulerende centrum, waardoor deze symptomen minder vaak voorkomen.

HET VERBAND TUSSEN 'LEAN BODY MASS' EN MENOPAUZALE KLACHTEN

Dr. Rosanne Woods deed onderzoek nadat het haar, bij haar regelmatige bezoek aan de sportschool, opviel dat haar vriendinnen die enkel cardiotraining deden dezelfde waren die klaagden over opvliegers en nachtelijk zweten. Ze onderzocht het verband tussen *Lean body Mass* (je lichaamsgewicht minus je vetmassa) en het hebben van menopauzale klachten. De conclusie was dat het onderhouden van een hogere vetvrije massa door middel van kracht- en weerstandtraining de beste manier is om de klachten te verminderen. In een ander onderzoek werden 58 vrouwen gevolgd die gemiddeld 7,5 opvliegers per dag hadden of last hadden van nachtelijk zweten. Een krachttrainingprogramma van 15 weken, waarbij ze tweemaal per week trainden, bleek de symptomen te verminderen naar gemiddeld 4,4 opvliegers per dag.

5. DOOR KRACHTTRAINING VERBETERT JE HUMEUR!

Iedere vrouw die weleens hormonale klachten heeft gehad kent de invloed daarvan op je stemming. De vijfde reden is dus een logisch gevolg van nummer 4. Daarnaast geeft het doen van krachttraining je zelfvertrouwen, meer energie en zit je letterlijk beter in je vel. En dat heeft allemaal een positief effect op je humeur. Uit een studie van Harvard bleek dat krachttraining gedurende 10 weken de symptomen van een klinische depressie met meer succes vermindert dan standaardtherapie. Dat effect is bovendien niet alleen beperkt tot een klinische depressie: ook andere psychische aandoeningen verbeteren sterk als je regelmatig aan krachttraining doet. Je wordt dus zowel fysiek als mentaal sterker.

TRAINEN IN EEN SPORTSCHOOL IS GEEN MUST VOOR EEN STERKER EN FITTER LICHAAM.

Er zijn nog veel andere goede redenen om als vrouw aan krachttraining te doen. Over krachttraining bestaan trouwens nog veel misvattingen. Voor krachttraining hoef je bijvoorbeeld niet per se een sportschool in te duiken. Veel vrouwen denken nog altijd dat je alleen aan krachttraining doet als je zware gewichten tilt. Maar wanneer je met je spieren werkt en er sprake is van een trainingsprikkel doe je al aan krachttraining. Dit is dus ook het geval als je met je eigen lichaamsgewicht werkt. Dit is hoe we van nature werkten aan onze spierkracht: door te klimmen, sjouwen, duwen, trekken en zware dingen te tillen (denk aan het tillen en dragen van baby's en peuters). In een sportschool zijn we eigenlijk alleen maar onze natuurlijke bewegingen aan het nabootsen. In plaats van een boomstam of kind til je daar ijzer op.

Vind je het fijn om in een sportschool te trainen, doe dat dan vooral. Het is echter geen must voor een sterker en fitter lichaam. Doe zoals onze voorouders en gebruik je eigen lichaamsgewicht, dat van een ander (zoals je pasgeboren kind als je dat hebt) of andere tools zoals een elastiek of een stapel boeken. En nee, je wordt niet zomaar extreem groot als je werkt aan je spierkracht. En je krijgt geen mannelijk lichaam. Ook niet als je wel de sportschool induikt en heel zware gewichten gebruikt. Er is veel training, geduld, consistentie, goede voeding en rust nodig om een goede spiergroei te bewerkstelligen en uiteindelijk een 'sculpted body' te creëren.

'Moet ik aan krachttraining doen of juist aan cardio om af te vallen?', wordt mij vaak gevraagd. Laat ik voorop stellen dat voeding de doorslaggevende factor is bij wel of niet succesvol afvallen. Je kunt trainen wat je wilt, maar als je door je voeding nog steeds in een positieve energiebalans (meer calorieën erin dan eruit) zit, is het onwaarschijnlijk dat je vet gaat verliezen. Als training het vliegtuig is waarmee je je doel wilt bereiken, dan is voeding de piloot.

MET CARDIOTRAINING VERBRAND JE MEER CALORIEËN PER SESSIE
De reden dat veel mensen denken dat ze het beste uren kunnen (hard) lopen of fietsen om gewicht te verliezen is waarschijnlijk omdat je met cardiotraining meer calorieën verbrandt dan in een krachttraining van ongeveer dezelfde tijdsduur. Om in te schatten hoeveel calorieën je verbrandt tijdens verschillende soorten trainingen zoals cardio- en krachttraining kun je je lichaamsgewicht gebruiken. Voor

de meeste activiteiten geldt: hoe meer je weegt, hoe meer calorieën je verbrandt. Als je 73 kilo weegt, verbrand je ongeveer 250 calorieën per 30 minuten joggen in een gematigd tempo. Loop je in een hoger tempo, van 10 kilometer per uur, dan verbrand je in 30 minuten ongeveer 365 calorieën. Terwijl je in dezelfde tijd met krachttraining ongeveer 130–220 calorieën verbrandt. Maar krachttraining helpt je om gedurende de hele dag meer calorieën te verbranden

Hoewel je met krachttraining op het moment zelf niet zoveel calorieën verbrandt als bij een cardiotraining, bouw je hiermee spieren op. En spieromvang speelt een belangrijke rol speelt bij je stofwisseling in rust (RMR), oftewel het aantal calorieën dat je lichaam nodig heeft om in rust te functioneren. Je rustmetabolisme is goed voor 60-75 procent van je dagelijkse totale energieverbruik, en vet is de energiebron die het lichaam bij voorkeur in rust heeft. Het vergroten van de spieromvang door kracht- of weerstandstraining verhoogt de RMR, waardoor het vetverlies na verloop van tijd toeneemt of vasthoudt.

SCULPTEN

Urenlange cardiosessies gaan je niet aan een mooi gevormde bilpartij en een 'getoned' lichaam helpen. Wil je strakker in je vel komen te zitten, dan helpt het als je je spieren gaat ontwikkelen. Deze zorgen voor meer vorm in je lichaam en helpen je letterlijk je lijf te 'sculpten', te beeldhouwen.

DE AFTER-BURN

Krachttraining heeft nog andere belangrijke voordelen voor het verbranden van calorieën. Wetenschappelijk onderzoek heeft aangetoond dat je meer calorieën verbrandt in de uren na een krachttraining, in vergelijking met een cardiotraining. Er zijn zelfs meldingen dat het metabolisme in rust tot 38 uur na een krachttraining verhoogd blijft, terwijl een dergelijke toename niet gemeten wordt bij cardio. Je kunt dus nog uren of dagen na je krachttraining extra calorieën blijven verbranden, en dat noemen we after-burn.

HOE?
WAT VOOR SOORT KRACHT- OF WEER-STANDSTRAINING?

Om zo effectief mogelijk te trainen moeten de oefeningen de grootste spiergroepen aanpakken, zo veel mogelijk staand worden uitgevoerd en twee of meer gewrichten omvatten. Dit alles zorgt ervoor dat het lichaam harder werkt, waardoor de hoeveelheid spieren en dus RMR toeneemt. Een effectief trainingsprogramma voor weerstand moet een combinatie zijn van intensiteit, volume (aantal oefeningen en sets) en progressie (dus verhoging van de weerstand naarmate je sterker wordt). De intensiteit moet zo hoog zijn dat je je tijdens de training uitgedaagd voelt.
Krachttraining en weerstandstraining helpen het beste om vet te verliezen. Dit komt doordat deze zowel de naverbranding na het sporten vergroten als de spieromvang vergroten, waardoor de rustverbranding toeneemt. Je voedingspatroon is uiteindelijk de doorslaggevende factor en levert daarnaast, net als training, ook andere positieve gezondheidsvoordelen op. Tot slot: de beste training is de training die je volhoudt. Kies dus vooral ook iets wat je leuk vindt; dan is de kans het grootst dat je het langere tijd blijft doen.

MONSTER WALK
Versterking zijkant benen en billen
Voor deze oefening heb je alleen een weerstands-
band nodig. Deze zijn online verkrijgbaar en heb
je in diverse uitvoeringen.

HOE?
Bevestig de band om je benen, boven je gebogen
knieën (nooit om je kniegewrichten) Zet je voeten
op schouderbreedte uit elkaar, met je tenen naar
voren wijzend. Zorg dat er een goede weerstand
op de band blijft, breng je handen voor je lichaam.
Stap een aantal stappen zijwaarts en daarna
dezelfde weg weer terug.

HIP THRUST
Versteviging en versterking grote bilspier (gluteus
maximus) met wat hulp van de hamstrings en
quadriceps. De hip thrust, letterlijk vertaald
'heupstoot', is een van de beste oefeningen voor
je billen. Het is een isolatie-oefening, wat wil zeggen dat er slechts beweging is in één gewricht, in
dit geval het heupgewricht.

HOE?
Plaats je voeten op schouderbreedte of iets
wijder en houd ze plat op de grond. Laat ze iets
naar buiten wijzen zodat ook je knieën iets naar
buiten wijzen als je naar boven stoot. Dit vergroot
de activatie van de bilspier en is veiliger voor je
kniegewricht. Voor meer gewicht kun je iets op
je schoot leggen zoals een stapel boeken. Beweeg de heupen (met eventueel extra gewicht)
opwaarts door die vanuit je hielen naar boven te
duwen en je heupen volledig te strekken (voorkom overstrekken van de wervelkolom) Knijp je
billen in de eindpositie goed samen. Laat het gewicht weer zakken tot op de grond of net daarbo-
ven, voor een constante spierspanning. Herhaal
een aantal malen tot je billen gaan branden.

PLANKING

Planken is een statische oefening. Hiermee train je veel verschillende spieren in je lichaam, waarbij de focus op de buikspieren ligt. Een goede oefening voor rompstabiliteit.

HOE?
Ga op je buik liggen en plaats je voeten op heupbreedte. Plaats je ellebogen onder je schouders. Span vervolgens buik- en bilspieren aan en breng je heupen omhoog. Houd je lichaam zo recht mogelijk en je nek in het verlengde van de rug. Gebruik een timer en verleng elke keer de duur van het planken. Voel je dat je in je onderrug hangt, zet dan je knieën aan de vloer.

SIDE PLANK

Een variatie op de plank waarbij de focus op de schuine buikspieren ligt.

HOE?
Kom op je zij liggen met je onderarm plat op de grond en je onderste elleboog recht onder je schouder. Strek beide benen en laat je bovenste voet leunen op de onderste voet. Span je buikspieren aan en til je heupen van de grond. Zorg ervoor dat je een rechte lijn vormt van je hoofd tot je voeten.
Wil je de oefening makkelijker maken? Strek je bovenste arm dan omhoog uit en zet je voeten voor en achter elkaar (in plaats van op elkaar). Of doe de side plank vanaf je knieën.

TRICEPS DIP

Oefening voor de toning van je armen waarbij de nadruk ligt op de achterkant van de bovenarmen (triceps) Daarnaast profiteren je schouders, borst, bilspieren en heupen ook van deze oefening.

HOE?

Pak de randen van een stoel, bankje of brug vast met je handen op schouderbreedte. Zet je voeten plat op de grond met je billen voor het object dat je gebruikt. Houd de benen gebogen en je dijen evenwijdig aan de grond. Strek je armen. Dit is je startpositie. Laat vervolgens je lichaam naar beneden zakken totdat je armen in een hoek van 90 graden zijn. Zet vervolgens kracht vanuit je triceps om jezelf weer omhoog te tillen. Houd je schouders laag en je rug dicht bij het object. Steek je ellebogen naar achteren, niet opzij. Doe een aantal herhalingen en verhoog elke training het aantal herhalingen.

PUSH-UP/ OPDRUKKEN

De push-up is een goede manier om je borst te trainen terwijl je ook de rest van je lichaam gebruikt. Een originele push-up doe je vanaf de grond, maar is vaak lastig om mee te starten. Deze variant is mooi om op een minder zware manier te oefenen.

HOE?

Plaats je handen op de leuning van een brug, op een (stevige) tafel of tegen de muur. Span je billen en buik goed aan en zak door je armen. Wanneer je deze op een gegeven moment goed beheerst plaats je je handen op een lager object en zo werk je rustig door tot een push-up waarbij je handen en knieën op de grond steunen. Uiteindelijk kun je naar een normale push-up toewerken waarbij je op je tenen staat.

BULGARIAN SPLIT SQUAT

Hiermee train je voornamelijk je bovenbeen-spieren (quadriceps) en de bilspieren (gluteus maximus) Maar ook hamstrings (achterkant bovenbeen), kuiten en buikspieren doen mee.

Een fijne oefening als je weinig trainingsmateri-aal hebt. Doordat je split squats unilateraal (aan één kant tegelijk) uitvoert, Laat je je lichaamsge-wicht op elk been afzonderlijk rusten, waardoor het al bij weinig herhalingen effectief kan zijn.

HOE?
Zet één voet achter je op een verhoging, zoals een leuning van een brug, of het zitgedeelte van een bank. Je andere voet plaats je een stuk voor die verhoging waarna je je , met je bovenlichaam iets naar voren leunend, laat zakken. Zak zo diep mogelijk totdat je achterste knie de grond net niet raakt.

BALL PASS

Een effectieve oefening voor het trainen van je core. Daarnaast versterk je hiermee ook de binnenkant van je dijen.

HOE?
Ga op de grond liggen en klem de swiss ball tussen je benen en voeten. Bij het uitademen beweeg je je benen langzaam in gestrekte positie van je af om daarna weer terug te bewegen naar de beginpositie. Doe het op een gecontroleerde, rustige manier. Hoe lager de benen hoe zwaarder de oefening. Merk je dat je je rug hol gaat trekken; strek de benen dan wat meer uit richting plafond.

Eet voldoende proteïne

HET EFFECT VAN MEER EIWIT IN JE MENU

Onderzoekers van onder andere de Universiteit van Alberta (Canada) hebben gekeken naar het effect van meer proteïne in je menu. Van een eiwitrijk menu is al wel langer bekend, dat dit zorgt voor een groter gevoel van verzadiging, een toename van het energieverbruik (de *energy expenditure*) en het behouden of toe laten nemen van de vetvrije massa (spiermassa) in het lichaam. Alles dus wat bijdraagt aan het krijgen en behouden van een gezond gewicht. Dit onderzoek bevestigt nog eens hoe groot die impact is. De onderzoekers verdeelden een groep van 43 gezonde volwassenen (19 vrouwen en 24 mannen) zonder overgewicht in twee groepen. De ene groep kreeg een, wat men noemt, *total diet replacement product* (TDR) dat in verhouding veel eiwitten bevatte. De andere groep kreeg een controledieet. Een TDR is een complete nutritionele voedingsformule dat het volledige dieet voor een bepaalde periode vervangt. Men neemt dus niets anders dan dit product. In het onderzoek bestond de TDR voor 35 procent uit koolhydraten, 40 procent uit eiwitten en 25 procent uit vetten. Het controledieet bestond uit 55 procent koolhydraten, 15 procent eiwitten en 30 procent vetten en was daarmee vergelijkbaar met het standaard Noord-Amerikaanse dieet. De hoeveelheid calorieën in de beide groepen was gelijk.

De uitkomsten van het onderzoek laten zien dat er bij de deelnemers die het TDR-product kregen sprake was van een toename van het energieverbruik en van de oxidatie van vetten en eiwitten. Ook was er sprake van een negatieve vetbalans.
Dit betekent dat er meer vetten werden verbrand voor meer energie. De onderzoekers concludeerden dan ook dat een dergelijk voedingspatroon met een hoog eiwitgehalte, althans in ieder geval in de vorm van het gebruikte TDR-product, het lichaam stimuleert om lichaamsvet te verliezen.
De verhouding tussen de verschillende macro-nutriënten in je voeding hebben een grote invloed op het vermogen om lichaamsvet te verliezen. Het is dus zeker aan te raden daar eens naar te kijken. Voer eens een paar dagen je maaltijden in een voedingsapp in en kijk hoeveel eiwitten jij eigenlijk binnenkrijgt op een dag en wat de verhoudingen zijn met de andere macronutriënten. Uiteraard zijn er nog veel meer factoren die een rol spelen bij het veranderen van je lichaamssamenstelling. Maar voldoende proteïne (eiwit) is daar één van.

KIJKTIP:
THE REMARKABLE STORY OF ERNESTINE SHEPHERD
(YOUTUBE)

MOET JE EXTRA EIWITTEN NEMEN ALS NIET-KRACHTSPORTER?

Dat hangt van je dagelijkse eiwitinname af. De meeste vrouwen weten helemaal niet hoe het gesteld is met hun eiwitinname; laat staan of er behoefte zou zijn aan meer eiwitten. Proteïne (eiwit) is ontzettend belangrijk; voor onze haren, huid, spieren, tanden, als bouwstof voor hormonen, et cetera. Een gemiddeld persoon heeft ongeveer 1 gram eiwit per kilo lichaamsgewicht nodig. Een tekort heb je niet zo snel, tenzij je heel eenzijdig eet. Als je twijfelt is het altijd handig om een voedingsdeskundige of diëtiste naar je voedingspatroon te laten kijken om te controleren hoe het zit met je eiwitinname. En met apps die je voeding tracken (zoals MyFitnessPall en Yazio) kun je ook zien hoe het zit met je dagelijkse inname van eiwitten en andere macro- en micronutriënten.

WAT HEB JE NODIG VOOR SPIERGROEI?

Als je aan krachtsport doet of een andere intensieve training dan heb je een verhoogde eiwitbehoefte. Als krachtsporter heb je aan 1,6 gram eiwit per kilo per dag voldoende voor een goede krachtontwikkeling en spiergroei. Bij een volledig plantaardig voedingspatroon houd je rekening met een verminderde opname door de anti-nutriënten en de eiwitkwaliteit en ga je iets hoger zitten.

WAAROM EIWITSUPPLETIE HANDIG KAN ZIJN

Wanneer je in een calorietekort zit is het lastiger om aan die hoge hoeveelheid eiwitten te komen. Het kan een uitdaging zijn om een grote hoeveelheid eiwit binnen te krijgen zonder over je geplande calorie-inname heen te gaan. En als het wel zou lukken heb je al snel een tekort aan gezonde vetten en waardevolle vitamines en mineralen doordat je alleen de nadruk zou leggen op eiwitrijke bronnen. Eiwitsuppletie in de vorm van proteïnepoeder is dan een uitkomst om op een makkelijke manier je eiwitinname te verhogen. Daarnaast kun je met proteïnepoeders veel gerechten ook makkelijk op smaak brengen. Wanneer ik ontbijt met mijn favoriete smoothiebowls

van groente en fruit maakt de proteïnepoeder met vanille- (of andere) smaak het net even lekkerder. Kies bij voorkeur voor zo natuurlijk mogelijke proteïnepoeders, zonder veel toegevoegde kleur- geur en smaakstoffen. Daar zitten namelijk nogal grote verschillen in.

Voor welk proteïnepoeder je ook kiest, het is belangrijk dat het een volledig aminozuurprofiel bevat. Dus bij de plantaardige proteïne (die mijn voorkeur heeft vanuit het oogpunt van dierenwelzijn, milieu en mijn eigen gezondheid) dient die gemaakt te zijn van verschillende plantaardige bronnen, zoals een combinatie van rijst en erwten, en niet van één enkele plantaardige bron.

GEEN VERVANGING

Eiwitshakes op zichzelf kunnen nooit 'gewone' voeding vervangen. Laten we vooral wel blijven kauwen met zijn allen, dat is namelijk mega belangrijk voor de gezondheid van mond en darmen. Zie proteïnepoeder als een extra aanvulling die meteen heel lekker kan zijn. Een makkelijke manier om je eiwitinname te verhogen en je gerechten lekker(der) te maken.

HOOFDSTUK 9

Temperatuur

KOUDE- EN HITTETRAINING

STAP 9

TRAIN JE LICHAAM IN KOUDE EN HITTE

In onze westerse maatschappij zijn we gewend geraakt aan comfort en vermijden we het om onszelf bloot te stellen aan hitte- en koudeprikkels. Als het te heet wordt zetten we binnen de airco's aan; wanneer het koud is kleden we ons zo warm mogelijk aan en zetten we de verwarming hoger. Maar door altijd een zo contant mogelijke omgevingstemperatuur na te streven verleert ons lichaam hoe het zichzelf kan verwarmen of verkoelen. Onze thermoregulatie gaat steeds minder goed functioneren (Ook hiervoor geldt: *If you don't use it, you lose it.*)

Een ander gevolg is dat ons vasculaire systeem te weinig geprikkeld wordt; de kleine vaatspiertjes zijn niet meer actief genoeg, werken steeds minder optimaal waardoor ons hart gedwongen wordt om steeds harder te werken om de bloedstroom op gang te houden.

Door jezelf gedoseerd bloot te stellen aan grote temperatuurverschillen met behulp van koude-en hitte prikkels train je je vasculaire systeem, verbeter je je thermoregulatie, verhoog je je weerstand, krijg je meer energie en kun je je hormonale klachten verminderen of doen verdwijnen. Veel overgangsklachten zoals opvliegers en nachtelijk zweten hebben te maken met je temperatuurcentrum. Door deze te trainen met zowel koude als hitte kun je deze klachten voorkomen of verminderen.

IF YOU DON'T USE IT, YOU LOSE IT.

Koudetraining

LEER JE LICHAAM EN GEEST OM TE GAAN MET KOU
Eindig minimaal 5 dagen in de week je douche in de ochtend met koud water.

WAAROM?

Koude training is een hele krachtige tool die vele bewezen voordelen heeft. Vooral Wim Hof heeft op dit gebied baanbrekend werk verricht.

VASCULAIRE FITHEID

De fitste versie van jezelf worden begint misschien wel bij vasculaire fitheid. Dit zal je misschien niet direct bekend in de oren klinken en toch vormt het de basis van zowel een gezond, sterk en fit lijf als een sterke, flexibele mind: vasculaire fitheid.

In ons lijf bevindt zich wel honderdduizend kilometer aan aders, slagaders en haarvaten; ons vasculaire systeem. Hierin bevinden zich kleine spiertjes die als reactie op temperatuurverschillen kunnen vernauwen of verwijden. Dit alles met het doel om onze kerntemperatuur op 37 graden Celcius te houden. Dit is van levensbelang aangezien je al onderkoeld raakt wanneer je kerntemperatuur al 2-3 graden lager is. Bij een daling van meer dan 3 graden lukt het je lichaam niet meer op te warmen en is het gedaan.
Het vasculaire systeem verwijdt en vernauwt zich dus zodat we beschermd zijn tegen hitte of koude. Die allerkleinste spiertjes train je onder andere door koude training.

EEN BETERE VERBRANDING DOOR MEER (BRUIN) VET

Het vermogen om in alle omstandigheden je lichaamstemperatuur op peil te houden is essentieel. Een goede manier om dat te doen is door meer bruin vetweefsel aan te maken. Witte vetcellen bevatten hoofdzakelijk vet; te veel van dit vet veroorzaakt ontstekingen, een hoge bloeddruk, een verstoorde bloedsuikerspiegel door een verminderde insulinegevoeligheid. Bruine vetcellen bevatten vele mitochondriën (kleine energiefabriekjes) en zorgen onder andere voor het warmhouden van je lichaam en... verhogen je verbranding. Wat wil je nog meer? Als baby bestaat 5 procent van je lichaamsgewicht uit bruin vet om ervoor te zorgen dat je niet te snel onderkoeld raakt. Wanneer je net geboren bent heb je nog niet de mogelijkheid om je warm te houden door te rillen en klappertanden. Je bruine vetweefsel is er dan om je warm te houden. Lange tijd werd gedacht dat bruin vet bij het ouder worden vanzelf verdween, omdat je het als volwassene niet meer nodig zou hebben. Dat volwassenen bruin vet hebben werd pas een aantal jaren geleden, per ongeluk, ontdekt. Artsen deden onderzoek naar kanker en zagen tijdens een scan donkere plekken rond de sleutelbeenderen. Die donkere plekken bleken bruine vetcellen te zijn. Sindsdien is er heel veel onderzoek gedaan en ontdekte men dat de hoeveelheid bruin vet vermindert naarmate we ouder worden; de hoeveelheid die we hebben verschilt per persoon. Wim Hof (The IceMan) bijvoorbeeld, heeft volgens één van de professoren die hem onderzocht, heel veel bruin vet. Mensen met overgewicht blijken minder tot helemaal geen bruin vet meer te hebben.

HOE KUN JE JE BRUINE VET VERMEERDEREN?

1. DOOR BLOOTSTELLING AAN KOU

Als je het zo koud krijgt dat je gaat rillen sturen de hersenen het bruine vet aan dat overgaat tot vetverbranding. Dus trotseer die kou; zet de thermostaat in de winter eens lager (heeft ook meteen positieve gevolgen voor je energierekening) en ga koud douchen!

2. SPORTEN

Wanneer je je spieren activeert maakt je lichaam het hormoon irisine aan. Dit hormoon zorgt voor de omzetting van wit vet naar bruin vet.

Maar niet alleen een gezonder hart- en vatenstelsel, verbetering van je thermoregulatie en een betere vetverbranding zijn het gevolg. Er zijn nog veel meer gezondheidsvoordelen zoals:

- EEN BETERE STRESSBESTENDIGHEID
- STERKERE MINDSET
- VERHOGING VAN JE WEERSTAND; HET VERSTERKT JE IMMUUNSYSTEEM
- MOOIERE HUID
- DOOR KOUDETRAINING LEER JE BETER OMGAAN MET TEMPERATUURSCHOMMELINGEN; JE THERMOREGULATIE VERBETERT.
- JE VOELT JE FITTER EN ENERGIEKER
- JE STOFWISSELING VERSNELT
- OVERGANGSKLACHTEN ZOALS OPVLIEGERS VERMINDEREN
- HET VERSTERKT JE IMMUUNSYSTEEM

Ben je overtuigd van de voordelen, maar weet je niet hoe je moet beginnen? Hieronder volgen een paar tips. Je hebt geen ijsbad nodig om al die voordelen te ervaren, begin rustig.

HOE?

Besluit in de ochtend je warme douche eens met lauw water en werk ernaar toe dat je uiteindelijk je douchebeurt eindigt met 30 seconden koud water. Je hoeft niet direct onder koud water te gaan staan. Start met warm water en draai dan het water steeds iets kouder. Ga eerst met de straal over je voeten en handen en werk dan naar je hart toe. Neem de tijd en blijf ademen. Eindig in ieder geval wel met koud – je gaat dus niet weer terug van koud naar warm.

BOEKENTIP:

DE WIM HOF METHODE, OVERSTIJG JEZELF MET THE ICEMAN

- WIM HOF

WHAT DOESN'T KILL US

- SCOTT CARNEY

KIJKTIP:

WIM HOF - THE ICEMAN OVER KOUD DOUCHEN, HOE ANGST WERKT EN MEER,

- KUKURU# 02 (YOUTUBE)

BECOMING SUPERHUMAN WITH ICE MAN

– WIM HOF (YOUTUBE)

DOE-TIP:

WIM HOF METHODE WORKSHOP

(INFO OP WIMHOFMETHOD.COM)

CRYOTHERAPIE BIJ HET FREEZLAB

(INFO FREEZLAB.NL)

OP DE SITE VAN WIM HOF VIND JE MEER INFORMATIE. WIL JE STARTEN MET EEN COLD SHOWER CHALLENGE, DAN IS DE APP EEN LEUKE TOOL.

WWW.WIMHOFMETHOD.COM/ WIM-HOF-METHOD-MOBILE-APP

A COLD SHOWER A DAY
KEEPS THE DOCTOR AWAY
Wim Hof

HOE LANGER HOE BETER?

We zijn nogal eens geneigd te denken dat het nodig is om extreem af te zien. Maar meer of langer is niet altijd beter. Als je niet gewend bent om met koude om te gaan kan te veel of te lang te heftig zijn waardoor het een negatieve prikkel wordt. Als je je warme douche afsluit met slechts 30 seconden koud en je doet dat een paar keer per week, dan zul je al snel resultaten ervaren. Bouw het rustig op en forceer niets. Vind je 30 seconden nog te lang? Start dan met 15 seconden. Lukt het je goed om 30 seconden koud water te verdragen; verleng de week erna dan naar 1 minuut koud water aan het einde van je warme douche. En zo kun je elke week rustig opbouwen totdat je makkelijk 2 minuten koud kunt douchen.

HOE KOUDER HOE BETER?

15-17 graden is al een goede kouprikkel; je hebt die ijsblokjes dus niet nodig. Veel heilzame effecten beginnen al bij ongeveer 15 graden, het leidingwater dat bij je uit de kraan komt is al genoeg om een verschil te maken.

WANNEER?

Door koude ga je je energieker voelen; een goede manier om je dag te starten. Het zorgt ervoor, hoe tegenstrijdig dat ook klinkt, dat je lichaam opwarmt. Een koude douche neem je dus liever niet voor het slapen gaan. Onze lichaamstemperatuur daalt in de avond en nacht en zorgt voor een goede nachtrust. Om goed te slapen is een koele omgevingstemperatuur wel belangrijk maar wanneer je koud gaat douchen warmt je lichaam juist op; en dat is het tegenovergesteld van wat je wil. Om je lichaam voor te bereiden op de nacht en het slapen gaan is een warme douche daarom wel heel geschikt. Koude douches horen bij de dag.

LET OP: Wees voorzichtig met het inzetten van koudetraining als gezondheidsbevorderend middel bij hartafwijkingen of hartproblemen. Raadpleeg in dat geval altijd eerst een arts of specialist om te kijken wat voor jou wel of niet geschikt is.

TIP: Wil je nog een stapje verder dan koud douchen? Bezoek dan eens een workshop bij een erkende Wim Hof-instructeur, blijf het hele jaar door zwemmen in natuurwater en/of breng eens een bezoek aan het Freezlab voor een sessie cryotherapie.

Hittetraining

WAT?
STEL JEZELF OOK GEREGELD BLOOT AAN HOGERE TEMPERATUREN.

WAAROM?
Dankzij pioniers zoals Wim Hof weten we, en het is ook wetenschappelijk aangetoond, hoe gezond koudetraining voor ons is. Je leest en hoort steeds vaker over ijsbaden en koud douchen en de positieve effecten daarvan op onze gezondheid. Wat blijkt? Voor hitte geldt hetzelfde. Veel onderzoeken hebben al aangetoond dat hittetraining aerobe trainingsprestaties verbetert en voor duuratleten een goede methode is om hun prestaties te verbeteren. Ook opzettelijke uitdroging in combinatie met hittetraining verbetert de trainingsprestaties aanzienlijk. Uit een onderzoek uit 2012 bleek dat atleten die geen water dronken tijdens trainingen hun uithoudingsvermogen en thermoregulatie meer verbeterden dan de controlepersonen die wél water dronken. Maar ook als je geen atleet bent zijn dit interessante methodes.

HOE?
Alles is giftig en niks is giftig; het is de dosering die bepaalt of iets giftig is of niet. Wanneer je begint met hardlopen start je ook niet meteen met een marathon. Dit geldt ook voor koude-en hittetraining. Meer is niet altijd beter; bouw het op in kleine stapjes en train jezelf op die manier in een steeds betere thermoregulatie. Een bezoek aan de sauna en hot yoga zijn goede manieren om gedoseerd aan hittetraining te doen. Maar ook door af en toe echt heet te douchen of een heet bad te nemen, ga je uit die thermoneutrale comfortzone en dwing je je lichaam om te thermoreguleren. Trainen en bewegen in warme temperaturen zijn goede methodes, maar pas op met volledig trainen in extreme hitte als je dat niet gewend bent. Gebruik altijd je gezonde verstand. En als je aan de gang gaat met intensieve stressprikkels zoals koude- en hittetraining, wissel ze dan met elkaar af. Train op sommige dagen met koude en op andere weer eens met hitte, luister goed naar je lichaam en geniet van het proces en de effecten op zowel lichaam als geest.

DE POSITIEVE EFFECTEN VAN HITTETRAINING

HITTETRAINING VERLAAGT JE LICHAAMSTEMPERATUUR IN RUST. Normaal gesproken produceert je lichaam een grote hoeveelheid warmte; hittetraining zorgt dat je lichaam zich aanpast door minder warmte te produceren.

DE SNELHEID WAARMEE JE TRANSPIREERT VERHOOGT, waardoor je lichaam preventief afkoelt bij hitte in plaats van te wachten tot je al oververhit bent. Atleten die een hittetraining hebben gevolgd kunnen 50 procent meer zweten dan andere atleten.

Veel OVERGANGSKLACHTEN zoals opvliegers en nachtelijk zweten hebben te maken met je temperatuurcentrum. Door dit te trainen met zowel kou als hitte kun je die klachten VOORKOMEN OF VERMINDEREN.

HITTETRAINING VERHOOGT JE BLOEDPLASMAVOLUME, waardoor je bloed beter in staat is voedingsstoffen door het lichaam te transporteren. Daardoor beschermt het je lichaam tegen gevaren van uitdroging: meer plasma zorgt ervoor dat het bloed niet te dik wordt wanneer het lichaam uitdroogt.

JE HART POMPT MEER EN SNELLER EN WORDT STERKER.

JE LICHAAM PAST ZICH AAN OP CELNIVEAU om beter bestand te zijn tegen hittestress.

HOOFDSTUK 10

Sociale interactie

DE KRACHT EN HET BELANG VAN EEN TRIBE

STAP 10

MAAK DEEL UIT VAN EEN GEMEENSCHAP

WAT?

VIND JOUW TRIBE

Er is één ding dat belangrijker is dan alle leefstijlaanpassingen bij elkaar. Eén ding dat van levensbelang is en waar we niet zonder kunnen. En dat is: sociale interactie. Gezond eten is niks waard als je altijd alleen bent. Zorg dat je geregeld samen met anderen eet, beweegt of andere activiteiten onderneemt. Genieten van het leven is het allerbelangrijkst. Onderdeel uitmaken van een groep, of dat nou klein of groot is, is van levensbelang.

WAAROM?

HET BELANG VAN EEN TRIBE

Millennialang hebben wij mensen in groepen geleefd en waren we altijd onderdeel van een *tribe*, een stam. Voor onze voorouders was de stamcultuur noodzakelijk om te overleven. De loyaliteit, bescherming en vriendschap die we vinden in mensen met wie we ons omringen bepalen wie we zijn als individu, maar ook hoe we de wereld om ons heen bekijken en behandelen. Het behoren tot een hechte groep geeft een voldaan gevoel, een gevoel van verbondenheid en het gevoel

ONDERDEEL UITMAKEN VAN EEN GROEP, OF DIE NOU KLEIN OF GROOT IS, IS VAN LEVENSBELANG.

'ertoe te doen'. Onderdeel zijn van een groep gelijkgestemden zorgt voor productiviteit, creativiteit en gezondheid op zowel persoonlijk als professioneel vlak. Onze maatschappij wordt al steeds individueler, daar bovenop werden we tijdens de COVID-pandemie ook nog eens verplicht in een sociaal isolement gezet. *Social distancing* was het antwoord van de overheid op de gezondheidscrisis. Afstand houden, geen sociale contacten, geen groepsactiviteiten. Helaas is dat heel slecht voor de volksgezondheid.

SOCIALE CONTACTEN ALS PREVENTIEVE GENEESKUNDE

Ontelbare wetenschappelijke onderzoeken hebben aangetoond dat eenzaamheid een groter risico voor je gezondheid is dan roken of gebrek aan lichaamsbeweging. Het vinden van je stam is dan ook beter dan welk vitamine-, dieet- of trainingsregime dan ook.

Uit een onderzoek naar de mensen van Alameda County, Californië, bleek dat mensen met de meeste sociale banden drie keer minder kans hadden om te overlijden over een periode van negen jaar dan degenen die de minste sociale banden rapporteerden. Degenen met meer sociale connecties bleken zelfs minder kanker te hebben. Uit een Harvard-onderzoek dat de levens van bijna 3.000 mensen onderzocht, bleek dat degenen die samenkomen om uit eten te gaan, kaartspelen, dagtochten maken, op vakantie gaan met vrienden, naar de film gaan, naar sportevenementen gaan, naar de kerk gaan, en deelnemen aan andere sociale activiteiten hun teruggetrokken leeftijdsgenoten met gemiddeld tweeënhalf jaar overleven. Het vinden van je stam is niet alleen leuk. Het kan ook je leven redden.

HET ROSETO-EFFECT

Wetenschappers gaven een naam aan het fenomeen waarbij een hechte gemeenschap een verminderd aantal hartziekten ervaart: het Roseto-effect. Dit effect werd voor het eerst opgemerkt in 1961 toen de plaatselijke dokter in het plaatsje Roseto, in de Amerikaanse staat Pennsylvania, Ste-

wart Wolf ontmoette, destijds hoofd geneeskunde van de Universiteit van Oklahoma. Ze bespraken het ongewoon lage aantal hartinfarcten in de Italiaans-Amerikaanse gemeenschap van Roseto vergeleken met andere locaties.

Van 1954 tot 1961 vonden in Roseto bijna geen hartaanvallen plaats in de anders zo risicovolle groep mannen van 55 tot 64. Mannen boven de 65 hadden een sterftecijfer van 1 procent, terwijl het nationale gemiddelde 2 procent was. Deze statistieken stonden haaks op andere factoren die in de gemeenschap werden waargenomen. Men rookte ongefilterde sigaren, er werden grote hoeveelheden wijn gedronken en in plaats van het mediterrane dieet kozen ze voor gehaktballen en worstjes gebakken in reuzel. De mannen werkten in leisteengroeven waar ze blootgesteld werden aan gassen en stof. Vele studies volgden, waaronder een die maar liefst vijftig jaar in beslag nam en waarin Roseto werd vergeleken met het nabijgelegen Bangor.

Het leven in Roseto

Als je in de jaren zestig door het kleine stadje Roseto was gelopen zou je Italiaanse immigranten tegen zijn gekomen. Aan het einde van de dag had je deze mensen hebben zien terugkeren van hun werk, door de hoofdstraat van het dorp zien slenteren. Ze zouden even een praatje maken met de buren of misschien gezamenlijk een glas wijn drinken voordat ze naar huis keerden om zich klaar te maken voor het avondeten. Je had vrouwen zien samenkomen in gemeenschappelijke keukens om klassieke Italiaanse maaltijden te bereiden, terwijl mannen tafels tegen elkaar schoven voor het avondritueel waarbij de gemeenschap samenkwam om te genieten van grote pannen pasta, Italiaanse worst en kannen met wijn.

Als gemeenschap van nieuwe immigranten, moesten de inwoners van Roseto voor elkaar zorgen. De omringende bewoners haalden immers hun neus op voor de Italianen. Woningen waarin meerdere generaties samen leefden waren de norm. Doordeweeks ging iedereen naar dezelfde werkplek en op zondag ging iedereen samen naar de kerk.

WANNEER JE EEN
STAM GEVONDEN
HEBT DIE ALS 'JOUW'
STAM VOELT,
HERKEN JE DAT
VAN NATURE
METEEN, NET ZOALS
WANNEER JE IETS
LEKKERS PROEFT.

Buren waren kind aan huis bij elkaar en feestda-gen werden gezamenlijk gevierd. In Roseto zorgde iedereen voor elkaar – niemand stond er alleen voor. Roseto was het levende bewijs van de kracht van een tribe.

Hoewel ze rookten, elke avond alcohol dronken en niet heel gezond aten, hadden de inwoners van Roseto de helft minder risico op een hartaanval dan de rest van het land. Dit was niet vanwege genen, betere artsen of iets in hun leidingwater. Onderzoekers concludeerden uiteindelijk dat lief-de, intimiteit en het deel uitmaken van een hechte gemeenschap de reden was dat ze lang leefden. John Bruhn, een socioloog, vertelt: 'Er was geen zelfmoord, geen drugsverslaving en heel weinig misdaad. Niemand was in de bijstand. Toen keken we naar maagzweren. Die hadden ze ook niet. Deze mensen stierven van ouderdom. Dat is het.'

HOE?
JOUW STAM VINDEN

Gedurende je leven doorloop je verschillende fa-ses waarin je onderdeel uit kunt maken en kennis kunt maken met verschillende 'stammen'. Van gezin, familie, klasgenoten, vrienden, studiegeno-ten, sportteam, collega's tot medecursisten. Van sommige groepen maak je ongewild deel uit, an-deren kies je heel bewust op basis van voorkeuren en gemeenschappelijke doelen of interesses. De mogelijkheden zijn net zo gevarieerd en grenze-loos als de wereld om ons heen.

Wanneer je een stam gevonden hebt die als 'jouw' stam voelt, herken je dat van nature meteen, net zoals je weet wanneer je iets lekkers proeft. Het geeft je het gevoel ergens bij te horen. Misschien heb je dat gevoel van verbondenheid ooit erva-ren op een bijzondere feestdag, toen je met al je familie en vrienden bij elkaar kwam. Of voelde je het toen je met je team een kampioenschap won en elkaar juichend in de armen viel bij de overwin-ning. Misschien overspoelde dat gevoel van ver-bondenheid je toen je je eindexamenfeest vierde met alle andere geslaagden of heb je het weleens gevoeld in een yogales of bij een bijzondere op-leiding. Misschien heb je het gevoeld tijdens een weekend weg met vrienden, een etentje met je beste vriendin of een vakantie met je familie.

SOCIALE FUNCTIE

Wat je eet en wanneer je eet heeft invloed op je gezondheid. Maar hoe je eet is minstens zo belangrijk. Genieten van je eten maar ook van het moment, samen met anderen, is belangrijk voor zowel je fysieke als mentale gezondheid. Voeding is zowel brandstof als bouwstof voor ons lijf, maar als je het alleen op die manier ziet, ga je voorbij aan misschien wel het belangrijkste aspect van een gezamenlijke maaltijd. Genieten van een eetmoment en de tijd ervoor nemen is belangrijk, net als regelmatig samen eten. Het is een van de dingen die noodzakelijk zijn voor een gezond lichaam en gezonde geest.

HET BELANG VOOR KINDEREN

De invloed die gezamenlijke maaltijden hebben op de gezondheid is al van jongs af aan te merken. Hoe meer er samen met kinderen gegeten wordt in een gezin, hoe meer ze daarvan profiteren. Uit tientallen jaren van onderzoek bleek dat kinderen die samen met het gezin eten, beter presteren op school en een betere woordenschat hebben. Ook eten ze gezonder en hebben ze minder last van depressieve gevoelens, angsten en eetstoornissen.

VERBONDENHEID

Eerder schreef ik al over het Roseto-effect en hoeveel impact een hechte gemeenschap heeft op onze gezondheid. Samen zijn, ergens deels van uitmaken, connectie en verbinding zijn essentieel voor ons mensen – we kunnen niet zonder. Wanneer we te weinig sociale connectie hebben worden we ziek. Het heeft een heel grote negatieve impact op onze gezondheid, zowel fysiek als mentaal. Door met elkaar aan tafel te gaan en samen te eten creëer je een moment van verbinding waarin je de tijd neemt voor elkaar en voor je maaltijd.

SAMEN ETEN

Samen eten kan als gezin of familie, maar uiteraard ook met vrienden, huisgenoten of collega's. Ben je single? Nodig mensen uit om samen met je te eten of sluit je aan bij een kook- en eetclub. Er is gebleken dat volwassenen die met anderen aan tafel gaan gezondere keuzes maken dan degenen die alleen eten. Niet alleen het samen eten is belangrijk, ook dat je dit aan een tafel doet speelt een rol. Samen op de bank met je bord op schoot voor de televisie gaan zitten is niet hetzelfde als 'samen eten'. Eten terwijl je televisie kijkt is sowieso geen goed idee – je bent dan niet met je aandacht bij het eten, waardoor je ongemerkt veel meer eet dan je nodig hebt.

We vergeten vaak hoe belangrijk het voor iedereen kan zijn om samen te eten. We zijn nou eenmaal sociale wezens. Het delen van maaltijden heeft een grotere waarde dan we ons kunnen voorstellen. Voedsel is niet alleen brandstof voor ons lichaam, maar fungeert ook als een brug in onze relaties, cultuur en ons mentale welzijn.

BOEKENTIP:
DE BLUE ZONES METHODE
- DAN BUETTNER

WHAT DOESN'T KILL YOU MAKES YOU STRONGER;
Een intermittent lifestyle

Altijd in onze comfortzone blijven maakt ons kwetsbaar, zwak en ziek. Door het gecontroleerd toedienen van natuurlijke stressoren zoals kou, warmte, honger en dorst stappen we uit die comfortzone en word je weer sterker, krachtiger en flexibeler. Alles draait om de goede dosering. Iedereen heeft een ander startpunt en een ander uitgangspunt. Te langdurige of te heftige prikkels zijn toxisch: daarmee zul je het tegenovergestelde bereiken. Te weinig uitdaging geeft ook geen resultaat.

Kijk waar jouw grenzen liggen en ga die stap voor stap verleggen. De tien stappen in dit boek zijn de eerste fase op weg naar de fitste versie van jezelf. Dat is de basis. Maar voorkom dat je blijft hangen in je comfortzone en blijf jezelf uitdagen. Voorkom een bepaalde routine en doe alles eens anders dan je normaal doet. Ben je gewend aan het eten in een eating window? Varieer dan in de tijden of aantal keren dat je per dag eet. Het enige waar je zo min mogelijk van af wilt wijken is het natuurlijke dagritme, ons bioritme (behalve wanneer je jezelf gaat resetten door middel van intermittent sleeping)

IF YOU ARE WILLING TO DO WHAT IS EASY, LIFE BECOMES HARD. IF YOU ARE WILLING TO DO WHAT IS HARD, LIFE BECOMES EASY.

woorden van mijn Intermittent Living-mentor Siebe Hannoset

DE DENKBEELDIGE
finishlijn

Veel mensen willen zo snel mogelijk hun doel behalen wanneer ze eenmaal gestart zijn met een leefstijlprogramma. Al zo vaak was ik in gesprek met vrouwen die zich na een traject toch nog afvroegen wat er zou zijn gebeurd als ze toch niet die ene keer gesnoept hadden of uit eten waren geweest. Ze hebben een streefgewicht of ander doel in hun hoofd en verwachten een soort aha-moment als ze dat doel bereikt hebben. Ze verwachten dat ze zich anders, beter voelen. Blij, tevreden, met een ander lijf of een beter leven.

Maar, en nu komt het; dat gebeurt niet. Je leven verandert niet opeens drastisch bij het bereiken van dat ene doel dat je je gesteld hebt. Het is niet alsof je opeens je bestemming hebt bereikt. Die finishlijn is alleen een fantasie in ons hoofd. Stop met de finishmentaliteit. Weg met tijdlijnen en bijbehorende verwachtingen. Spoel het allemaal door het toilet. Ze doen je meer kwaad dan dat ze je helpen.

Door tijdlijnen en finishlijnen in je hoofd te creëren oefen je alleen maar druk uit op jezelf, waardoor niets ooit goed genoeg zal zijn of voldoende voldoening zal geven. Het moment dat je dat los kunt laten ga je je vrij voelen en kun je genieten van wat je aan het doen bent. Het plezier van je fitter, sterker en energieker voelen en alles uit het leven te kunnen halen. De fitste versie van jezelf zijn is geen eindstation, maar een voortdurende reis en een ontdekkingstocht met veel tussenstations. Dus als je aan die reis begonnen bent, kun er je maar beter van genieten. En neem zo nu en dan eens de tijd om even stil te staan en te genieten van het uitzicht.

De echte finishlijn… is wanneer ons lichaam sterft. Dus tot het zover is… laat je tijdlijnen los en geniet van alles wat je kunt bereiken in dit leven.

FIT
FAB
40
recepten

Weekmenu's
met recepten en
voedingswaarden Fit Fab 40

1 MINDSET
- Creamy bananenbowl
- Quinoasalade met geroosterde zoete aardappel en linzen
- Mexicaanse taco's

2 START MET JE EERSTE MAALTIJD
- Green Healthy Fat Breakfast
- Zadencracker of broodje met rode paprikaspread en ansjovis
- Nasi

3 METEN IS WETEN; HOEVEEL GA JE ETEN?
- Kokos-proteïneyoghurt met bessen en noten
- Saladebowl met vis of scrambled tofu
- Vegetarische gehacktschotel met bloemkoolrijst

4 BEWEGING
- Bieten- choco-Breakfast
- Soep naar keuze met een zadencracker of broodje
- Stamppot van zoete aardappel en boerenkool

5 WAT EN HOE GA JE ETEN EN DRINKEN?

- Eiermuffins
- Hartige wafel
- Kabeljauw met tomaat uit de oven

6 TIMING

- Green Yoghurt
- Eieren uit de pan of soep naar keuze met zadencracker of broodje
- Stamppot van bloemkool en andijvie

7 HERSTEL

- Pumpkin Chai Breakfast
- Zadencracker of broodje met eiersalade
- Pasta naar keuze

8 KRACHT

- Scrambled tofu
- Soep naar keuze met zadencracker of broodje
- Pasta naar keuze

9 TEMPERATUUR

- Chocolate-fudgebrood
- Soep naar keuze met zadencracker of broodje of boerenomelet
- Pasta met tomaten-gehacktsaus

10 DE KRACHT VAN EEN TRIBE

- Choco-ontbijtpudding
- Hartige wafel met spread naar keuze
- Risotto met groenten

CREAMY
BANANEN BOWL

BIETEN-
CHOCO-
BREAKFAST

PAPRIKASPREAD
MET EN ZONDER
ANSJOVIS

CHOCOLATE-
FUDGEBROOD

PUMPKIN
CHAI
BREAKFAST

GREEN
HEALTHY FAT
BREAKFAST

CREAMY BANANEN BOWL

Bereiding 5 minuten / 1 persoon / 200 gram groente / v, vg

INGREDIËNTEN

1 banaan
200 g bloemkool, gekookt en diepgevroren
150 ml amandelmelk, ongezoet
30 g proteïnepoeder, vanille

TOPPING

20 g pindakaas (zoals van de Pindakaaswinkel)
10 g bananenchips

BEREIDEN

Pel de banaan en breek in stukken. Meng de helft van de banaan met de diepgevroren bloemkool, amandelmelk en het proteïnepoeder in een blender tot een gladde, romige substantie.

Schenk in een diep glas of een kom en garneer met de andere helft van de banaan, pindakaas en bananenchips

TIP

Bewaar standaard een voorraad groente en fruit in je diepvries, zodat je altijd een basis hebt voor een smoothie bowl. Bloemkool zorgt voor een mooie creamy structuur. Wanneer je bloemkool niet diepgevroren is, zorg dan dat de banaan diepgevroren is, anders wordt het een lauwwarme pap in plaats van een smoothie bowl. Of maak de bowl van tevoren en laat deze afkoelen in de koelkast.

Voedingswaarde met topping **kcal** 482 **vet** 19,4 g **koolhydraten** 39,8 g **eiwit** 32 g

GREEN HEALTHY FAT BREAKFAST

Bereiding 5 minuten / 1 persoon
175 gram groente / v, vg, lchf

INGREDIËNTEN

½ avocado (vers of diepvries)
100 g andijvie, gesneden
30 g proteïnepoeder, vanille
(kokos)water of ongezoete
amandelmelk
50 g blauwe bessen
25 g walnoten, ongebrand en
ongezouten

BEREIDEN

Schil en ontpit de avocado of gebruik diepgevroren avocadoblokjes.

Meng de avocado met de overige ingrediënten, behalve de bessen en noten, in een blender tot een gladde massa. Voeg zoveel vocht toe tot de gewenste dikte.

Eet met de blauwe bessen en walnoten.
Voeg eventueel extra toppings naar keuze toe, zoals verse passie-vrucht, notenpasta, pindakaas, kokoschips en/of zaden en pitten.

TIP

Dit ontbijt past binnen een low carb voedingspatroon en bevat dan ook weinig fruit. Toch liever iets zoeter van smaak? Voeg dan vers of diepgevroren fruit zoals banaan of mango toe aan de smoothiebowl.

Voedingswaarde inclusief bessen en noten **kcal** 486 **vet** 34,6 g **koolhydraten** 10,7 g **eiwit** 28,4 g

KOKOS-PROTEÏNE-YOGHURT MET FRUIT EN NOTEN

Bereiding 10 minuten / 1 persoon / v, vg

INGREDIËNTEN

20 g proteïnepoeder, vanille
150 g kokosyoghurt, ongezoet (bijvoorbeeld van Abbot Kinney's)

TOPPING

20 g gemengde ongebrande noten, fijngehakt
100 g vers fruit naar keuze (zoals mango, papaja en/of meloen)
1 el granaatappelpitjes

BEREIDEN

Meng de proteïnepoeder door de kokosyoghurt en roer tot een gladde substantie en er geen klontjes meer zijn.

Garneer met de noten, het verse fruit en de granaatappelpitjes.

TIP

In plaats van kokosyoghurt kun je ook andere (plantaardige) yoghurt of kwark gebruiken

Voedingswaarde met topping **kcal** 522 **vet** 374 g **koolhydraten** 23,6 g **eiwit** 22 g

BIETEN-CHOCO-BREAKFAST

Bereiding 5 minuten / 1 persoon
150 gram groente / v, vg

INGREDIËNTEN
150 g gekookte rode biet
100 g bramen, vers of diepgevroren
100 ml ongezoete amandelmelk
30 g proteïnepoeder, chocolade

TOPPING
100 g vers fruit naar keuze (zoals frambozen en/of bessen)
10 g kokoschips
20 g pure chocolade

BEREIDEN
Snijd de biet in stukken en pureer met de bramen, amandelmelk en proteïnepoeder in een blender tot een gladde smoothiebowl. Schenk in een groot glas of diepe kom en garneer met het overige fruit, de kokoschips en pure chocolade.

TIP
Smoothiebowls zoals deze zijn makkelijk om voor een paar dagen tegelijk klaar te maken. Bewaar in een afgesloten pot in de koelkast. Ook makkelijk mee te nemen.

Voedingswaarde inclusief topping **kcal** 445 **vet** 16,8 g **koolhydraten** 32,8 g **eiwit** 33,4 g

EIERMUFFINS

Bereiding 10 minuten / oventijd 20 minuten / 12 muffins
30 gram groente per muffin / lchf, v

INGREDIËNTEN
1 rode paprika
50 g gesneden boerenkool
10 eieren
peper en zout
2 tl paprikapoeder

BEREIDEN
Verwarm de oven tot 180 °C.

Snijd de paprika in kleine blokjes en verdeel deze met de boerenkool over siliconen of papieren bakvormpjes.

Klop de eieren los met peper en zout.
Schenk in de vormpjes.

Strooi wat paprikapoeder over het eimengsel in de vormpjes.

Bak 20 minuten in de voorverwarmde oven.

Voedingswaarde per muffin **kcal** 72 **vet** 4,6 g **koolhydraten** 1 g **eiwit** 6,5 g

GREEN YOGHURT

Bereiding 5 minuten / 1 persoon
150 gram groente / v, vg

INGREDIËNTEN

150 g courgette
75 g ananas, diepgevroren
200 g ongezoete plantaardige yoghurt (soja, amandel of kokos)

TOPPING

50 g verse ananas
1 tl Greens
20 g vegan witte chocolade (zoals Funky Fat Choc-Vegan White)

BEREIDEN

Snijd de courgette in stukken en meng met de ananas en yoghurt in een blender tot een gladde, romige yoghurt.

Garneer met de topping.

TIP

In plaats van Greens kun je ook een theelepel algenpoeder, spirulina of chlorella gebruiken.

Voedingswaarde inclusief topping **kcal** 384 **vet** 18,3 g **koolhydraten** 36,4 g **eiwit** 17,6 g

PUMPKIN CHAI BREAKFAST

Bereiding 10 minuten / 1 persoon
250 gram groente / v, vg

INGREDIËNTEN

150 g pompoenpuree (kant-en-klaar of zelfgemaakt)
100 g bloemkool, gekookt en diepgevroren
200 ml amandelmelk, ongezoet
30 g proteïne, vanille- of caramelsmaak
½ el Chai-thee (gebruik losse thee of knip een theezakje open en gebruik de inhoud)
1 tl gemalen kaneel

TOPPING

1 el cashewnotenpasta
10 g gedroogde moerbeien
10 g gojibessen
1 tl gemalen kaneel

BEREIDEN

Doe alle ingrediënten, behalve de topping, in een blender en meng tot een gladde, romige smoothiebowl. Garneer met de cashewnoten-pasta, moerbeien en gojibessen en bestrooi met kaneel.

TIP

ZELF POMPOENPUREE MAKEN:

Maak pompoenpuree door 1 pompoen (gebruik de hokkaidopompoen; de oranjekleurige winterpompoen) eerst 30 minuten in een voorverwarmde oven (200 °C)) te bakken. Laat even afkoelen; snijd de pompoen doormidden; verwijder de pitten en zaadlijsten en gril nog 15-20 minuten in de oven. Pureer dan de gegrilde pompoen in een blender of keukenmachine tot een gladde massa. Pompoenpuree kun je ook invriezen.

Of gril pompoenblokjes 15-20 minuten in een voorverwarmde oven (200 °C).

Voedingswaarde inclusief topping **kcal** 436 **vet** 17,8 g **koolhydraten** 27,4 g **eiwit** 39 g

SCRAMBLED TOFU

Bereiding 15 minuten / 1 persoon
170 gram groente / lchf, v, vg

INGREDIËNTEN
100 g champignons
1 tomaat
10 g olie om in te bakken
150 g tofu
1 tl kurkuma
1 el ketjap
scheutje sojasaus
peper
grof zeezout

BEREIDEN

Snijd de champignons in plakken en de tomaat in stukjes.

Verhit de olie in een kleine koekenpan. Bak hierin de groenten. Verkruimel de tofu met je handen, voeg dit, samen met de kurkuma, toe aan de gebakken groenten en roerbak deze 4-5 minuten mee op middelhoog vuur.

Voeg ketjap en sojasaus toe en bak nog een paar minuten, intussen roerend, op laag vuur.
Breng op smaak met versgemalen peper en grof zeezout.

TIP

1. Ditzelfde recept kun je ook met eieren maken. Vervang de tofu dan door 3 eieren.

2. Serveer de scrambled tofu naar keuze met wat plakjes avocado, verse kruiden of op wat toast of zadencrackers.
Let op: wanneer je geroosterd brood hierbij eet, is het niet meer een low carb maaltijd.

Voedingswaarde per persoon **kcal** 330 **vet** 21,4 g **koolhydraten** 11,3 g **eiwit** 21,9 g
Voedingswaarde scrambled eggs per persoon **kcal** 413 **vet** 27,3 g **koolhydraten** 13,9 g **eiwit** 26,8 g

CHOCOLATE-FUDGEBROOD

Bereiding 10 minuten / oventijd 60 minuten
1 brood (12 plakken) / 25 gram groente / lchf, v, vg

INGREDIËNTEN

1 grote courgette
2 rijpe bananen
6 eieren
100 g amandelmeel (of maal
100 g amandelen fijn in een
foodprocessor)
125 g proteïnepoeder, vanille
of chocolade
30 g kokosolie
2 tl zout
50 g pure phocolade (zoals
Funky Fat Choc-Dark)

BEREIDEN

Verwarm de oven voor op 180 °C.

Snijd de courgette zo fijn mogelijk (of doe dit met een keuken-machine).

Pel de bananen en prak deze in een grote kom fijn met een vork.

Breek de eieren in een andere kom en klop deze met een garde luchtig.

Voeg alle ingrediënten, behalve de chocolade, toe aan de losgeklopte eieren en roer goed door.

Schep het beslag in een siliconen cakevorm (of een met bakpapier bekleed cakeblik). Breek de chocolade in stukken en verdeel over het beslag.

Bak het brood ± 60 minuten in de voorverwarmde oven.

Besmeer het brood met pindakaas of notenpasta.

TIP

Snijd het brood in plakken en vries een gedeelte in.

Voedingswaarde per plak **kcal** 204 **vet** 12,7 g **koolhydraten** 9,9 g **eiwit** 12,3 g

CHOCO-ONTBIJTPUDDING

Bereiding 5 minuten / 1 persoon
75 gram groente / v, vg

Zonder toevoeging van fruit als garnering is dit recept LCHF en past het ook binnen een ketogeen programma.

INGREDIËNTEN

½ avocado
150 ml kokosmelk, volvet
25 g proteïnepoeder, chocolade
10 g pure chocolade, fijngehakt (zoals Funky Fat Choc-Dark)

OPTIONEEL

extra topping naar keuze
(zoals bramen, bessen, verse vijg en/of avocado)

BEREIDEN

Schil de avocado en verwijder de pit.

Meng het vruchtvlees van de avocado met de kokosmelk en proteïnepoeder in een blender op hoge snelheid tot een romige, dikke chocoladepudding.

Bestrooi met de pure chocolade en garneer eventueel met extra topping naar keuze.

TIP

Je kunt de chocoladepudding direct na bereiden eten; maar het is ook lekker om hem even in de koelkast te zetten zodat hij wat kouder van temperatuur wordt. Of gebruik diepgevroren avocado.

Voedingswaarde zonder fruit   **kcal** 572   **vet** 47,4 g   **koolhydraten** 9,1 g   **eiwit** 27,5 g

FIT
FAB
40
lunch

BOERENOMELET

Bereiding 20 minuten / 2 personen
150 gram groente pp / lchf, v

INGREDIËNTEN

100 g prei
1 grote tomaat
olie om in te bakken
100 g bladspinazie
6 eieren
100 ml amandelmelk,
ongezoet
peper en zout

BEREIDEN

Snijd de prei in ringen en de tomaat in blokjes.

Verhit in een koekenpan met antiaanbaklaag de olie en bak de groenten inclusief de spinazie al omscheppend 5 minuten.

Klop in een kom de eieren los met de amandelmelk en wat peper en zout. Schenk het eimengsel bij de groenten in de pan en laat, met een deksel op de pan, in ± 10 minuten op matig vuur stollen. Laat de omelet op een groot bord glijden en snijd doormidden.

TIP

Varieer met het soort groenten of voeg eventueel geraspte kaas, fetakaas of garnalen toe aan de vulling.

Voedingswaarde **kcal** 327 **vet** 22,6 g **koolhydraten** 4,2 g **eiwit** 25 g

QUINOASALADE MET GEROOSTERDE ZOETE AARDAPPEL EN LINZEN

Bereiding 30 minuten / 2 personen
175 gram groente pp / v, vg

INGREDIËNTEN

100 g quinoa, ongekookt gewicht
100 g zoete aardappel, in blokjes
4 el olijfolie
1 el balsamicoazijn
grof zeezout
100 g rode biet, gekookt
100 g linzen (uit een pot)
50 g bladspinazie
peper en zout
40 g pecannoten, grof gehakt
2 el granaatappelpitjes

BEREIDEN

Kook de quinoa volgens de aanwijzingen op de verpakking. Giet af, laat uitlekken en afkoelen in een grote kom.

Verwarm de oven tot 200 °C. Bekleed een ovenplaat met bak-papier.
Verdeel de zoete aardappel over de met bakpapier beklede ovenplaat. Besprenkel met de helft van de olijfolie en de balsamicoazijn en bestrooi met zeezout. Gril in ongeveer 20 minuten in de voor-verwarmde oven.

Snijd de rode biet in stukjes. Giet de linzen af en laat uitlekken. Meng de spinazie, linzen en geroosterde zoete aardappel en de overige olijfolie door de gekookte quinoa. Breng op smaak met peper en zout.

Verdeel over twee diepe borden of kommen. Strooi de pecannoten over de salade en garneer met de granaatappelpitjes.

Voedingswaarde **kcal** 730 **vet** 39,5 g **koolhydraten** 68,1 g **eiwit** 19 g

PAPRIKASPREAD MET EN ZONDER ANSJOVIS

Bereiding 20 minuten / voor ca 500 gram
80 gram groente per 100 gram / v, vg (zonder ansjovis)

INGREDIËNTEN

2 rode paprika's
1 el olijfolie
100 g witte bonen (pot)
1 blikje ansjovis in olie (netto gewicht: 35 gram)
50 g zongedroogde tomaten in olie
100 g walnoten
grof zeezout

BEREIDEN

Verwarm de oven voor op 180 °C.
Zet de oven op de hoogste stand of op grilstand.

Plaats de paprika's op een met bakpapier beklede ovenplaat en besprenkel met de olijfolie.
Gril de paprika's ± 10-15 minuten tot ze geblakerd zijn en het vel loslaat.
Laat afkoelen en verwijder dan het vel en de zaden.

Giet de bonen af en laat uitlekken.
Meng de gegrilde paprika met de overige ingrediënten in een blender of keukenmachine tot een grove massa. Voeg eventueel extra olijfolie toe als je het wat smeuïger wil maken.

Deze spread is minimaal 3 dagen houdbaar in een afgesloten pot in de koelkast.

TIP

Om een wat grovere structuur te houden kun je pulse-blenden. Dan houd je wat meer 'bite'.
Voor een vegetarische en vegan versie laat je de ansjovis achterwege.

Voedingswaarde inclusief ansjovis per 100 gram **kcal** 365 **vet** 24,9 g **koolhydraten** 18,6 g **eiwit** 13,2 g
Voedingswaarde zonder ansjovis per 100 gram **kcal** 345 **vet** 23,7 g **koolhydraten** 18,6 g **eiwit** 10,7 g

SALADEBOWL MET VIS

Bereiding 30 minuten / oventijd 20 minuten / 2 personen
175 gram groente pp / lchf

INGREDIËNTEN
100 g zoete aardappel
2 el olijfolie
grof zeezout
100 g sojaboontjes
(edemame), gekookt
100 g gekookte rode biet,
fijngesneden
50 g babyspinazie
100 g gerookte zalm
100 g Hollandse garnalen
100 g grote garnalen
handje kiemen

BEREIDEN

Verwarm de oven voor op 200 °C.

Snijd de zoete aardappel in blokjes en verdeel over een met bakpapier beklede ovenplaat. Besprenkel met de olijfolie en bestrooi met grof zeezout. Gril in ongeveer 20 minuten goudbruin.

Verdeel in aparte vlakken de zoete aardappel, boontjes, rode biet, spinazie, zalm en garnalen over 2 kommen. Garneer met de kiemen.

TIP

Lunchbowls kun je in allerlei variaties maken. Gebruik andere vissoorten of varieer met de groenten.

Voedingswaarde **kcal** 474 **vet** 22,9 g **koolhydraten** 18 g **eiwit** 43,8 g

VENKEL-PREISOEP

Bereiding 30 minuten / 2 personen
200 gram groenten pp / v, vg

INGREDIËNTEN
1 grote venkelknol
2 preien
1 ui
1 el kokosolie om in te bakken
2 tl gemalen kurkuma
500 ml groentebouillon
peper en zout
200 ml kokosroom

VULLING
(niet vegan of vegetarisch):
150 g Hollandse garnalen

(vegan en vegetarisch):
150 g blokjes
gebakken tempeh

BEREIDEN

Maak de venkel schoon, verwijder de harde kern en snijd in stukken. Snijd de prei in ringen.

Pel en snipper de ui.
Verhit de kokosolie in een pan en bak de ui glazig. Voeg de venkel, prei en kurkuma toe en bak op zacht vuur. Voeg de bouillon toe en breng aan de kook. Laat ongeveer 15 minuten zacht doorkoken totdat de venkel zacht is. Breng op smaak met peper en zout.

Voeg de kokosroom toe en mix met een staafmixer glad. Schep de soep in 2 kommen of diepe borden en voeg eventueel een vulling naar keuze (zie opties) toe.

TIP

Deze soep is lekker met Hollandse garnalen of gerookte zalmsnippers. Of voeg wat gebakken tempeh toe aan de soep als je voor vega(n) kiest, maar de soep wel extra proteïnerijk wil maken.

Voedingswaarde
zonder extra toevoegingen **kcal** 351 **vet** 30,3 g **koolhydraten** 15,3 g **eiwit** 6,6 g
met Hollandse garnalen **kcal** 422 **vet** 31,5 g **koolhydraten** 15,4 g **eiwit** 21,5 g
met tempeh **kcal** 463 **vet** 35,9 g **koolhydraten** 19,5 g **eiwit** 15,8 g

VENKELPREISOEP

POMPOEN-
CURRYSOEP

GEROOSTERDE
TOMATENSOEP

POMPOEN-CURRYSOEP

Bereiding 30 minuten / 2 personen
275 gram groente pp / lchf, v, vg

INGREDIËNTEN

500 g pompoenblokjes
3 el olijfolie
1 ui
2 tenen knoflook
500 ml groentebouillon
1 el rode currypasta
100 ml kokosmelk
peper en zout
20 g pompoenpitten

BEREIDEN

Verwarm de oven voor op 180 °C. Bekleed een ovenplaat met bapapier.

Leg de pompoenblokjes op de met bakpapier beklede bakplaat en besprenkel met de helft van olijfolie. Rooster de pompoen 20 minuten in de oven.

Verhit de andere helft van de olie in een soeppan.
Pel en snipper de ui en snijd de knoflook fijn. Fruit de knoflook en ui in een soeppan. Voeg de geroosterde pompoen en bouillon toe en breng de soep zacht aan de kook. Laat ± 15 minuten op laag vuur koken. Pureer met een staafmixer of in een blender tot een gladde soep. Voeg de currypasta en kokosmelk toe en breng op smaak met peper en zout.
Verdeel de soep over twee kommen of diepe borden en garneer met de pompoenpitten.

TIP

Elke currypasta is weer anders qua scherpte. Voeg eerst een kleine hoeveelheid toe, proef en voeg dan eventueel meer toe.

Voedingswaarde **kcal** 378 **vet** 32 g **koolhydraten** 12 g **eiwit** 8,3 g

GEROOSTERDE TOMATENSOEP

Bereiding 30 minuten / 2 personen
200 gram groente pp / lchf, v, vg

INGREDIËNTEN

3 el olijfolie
300 g cherrytomaten
1 rode ui
2 tenen knoflook
500 ml groentebouillon
peper en zout
handvol kiemgroente

BEREIDEN

Verwarm de oven voor op 200 °C.

Vet een ovenschaal in met twee eetlepels olijfolie. Verdeel de tomaten over de ovenschaal. Pel en snipper de ui, snijd de knoflook fijn en voeg toe aan de tomaten.
Voeg een scheut olijfolie toe en schep alles goed om.

Gril de groenten 20-30 minuten in de oven tot de tomaten, ui en knoflook zacht zijn.
Pureer de groenten met de bouillon met een staafmixer of in een blender tot een gladde soep. Breng op smaak met peper en zout.

Verdeel over twee kommen of diepe borden en garneer met de kiemgroente.

TIP

Wil je deze soep wat eiwitrijker maken; voeg dan (vega) gehaktballetjes toe aan de soep.

Voedingswaarde **kcal** 271 **vet** 17,4 g **koolhydraten** 10 g **eiwit** 3,3 g

HARTIGE WAFELS

Bereiding 15 minuten / 4 wafels
50 gram groente per wafel / lchf, v

INGREDIËNTEN

3 eieren
200 g bloemkoolrijst
25 g amandelmeel
1 tl gemalen kurkuma
1 el olijfolie

BEREIDEN

Klop de eieren los in een grote kom en roer hier de overige ingrediënten door, behalve de olijfolie.

Verhit het wafelijzer en vet deze in met de olijfolie.
Afhankelijk van de grootte van het ijzer vul je de ijzers met ongeveer de helft van het beslag. Sluit het wafelijzer en bak de wafels tot ze goudbruin beginnen te kleuren. Het verschilt per ijzer hoelang het duurt.

Je kunt de wafels meteen warm opeten of laten afkoelen.
Beleg ze met je favoriete topping zoals hummus, avocado, fetakaas, pindakaas of een gebakken ei.

TIP

Deze wafels zijn ook lekker als ontbijt.

Voedingswaarde per wafel **kcal** 135 **vet** 9,7 g **koolhydraten** 2,5 g **eiwit** 8,8 g

EIEREN UIT DE PAN

Bereiding 10 minuten / 1 persoon
200 gram groente / v

INGREDIËNTEN

1 el olijfolie om in te bakken
75 g zoete aardappel
75 g cherrytomaten, doormidden gesneden
1 tl paprikapoeder
50 g babyspinazie
3 eieren
peper en zout

BEREIDEN

Verhit de olie in een hapjespan.

Snijd de zoete aardappel in kleine blokjes en de cherrytomaten doormidden.
Bak de zoete aardappelblokjes op middelhoog vuur in ongeveer 7 minuten rondom bruin. Voeg de tomaat en het paprikapoeder toe en bak deze mee.

Voeg de spinazie in delen toe. Voeg elke keer nieuwe spinazie toe als de rest geslonken is.

Breek de eieren in de pan op de gebakken groenten. Leg een deksel of groot bord op de pan en bak op middelhoog vuur totdat de eieren gestold zijn.

Breng op smaak met peper en zout.

TIP

Voeg voor een extra hartige smaak eventueel kaas of edelgistvlokken toe aan de eieren voordat je de deksel op de pan doet.

Voedingswaarde **kcal** 432 **vet** 28 g **koolhydraten** 18,8 g **eiwit** 25,6 g

OOSTERSE HUMUS
MET MINT

HARTIGE WAFELS

S
ZONN

EIERSALADE

ZADENCRACKERS

ZADENCRACKERS

Bereiding 90 minuten / ± 8 porties / v, vg, lchf

Dit recept komt uit mijn boek *Fit Vega(n) Food*

INGREDIËNTEN

125 g lijnzaad, gebroken
40 g zwart sesamzaad
20 g pompoenpitten
20 g chiazaad
2 tl Italiaanse kruiden
1 tl paprikapoeder
1 tl zeezout

BEREIDEN

Verwarm de oven voor op 180 °C.
Meng alle ingrediënten in een grote kom en voeg 100 ml water toe.

Laat 30 minuten staan zodat het vocht in de zaden en pitten kan trekken.
Verdeel het beslag gelijkmatig over een met bakpapier beklede ovenplaat.

Plaats de bakplaat in het midden van de oven en bak in 20-25 minuten in de oven.
Draai de oven uit en laat nog 60 minuten nagaren in de oven.

Haal de plaat uit de oven, laat afkoelen en snijd of breek de crackers in stukken.

TIP
Luchtdicht verpakt 5-7 dagen houdbaar.

Voedingswaarde per cracker **kcal** 133 **vet** 9,6 g **koolhydraten** 3,3 g **eiwit** 5,6 g

EIER SALADE

Bereiding 15 minuten / 300 gram / lchf, v

INGREDIËNTEN
4 eieren, biologisch
2 el sojayoghurt
1 el olijfolie
2 tl gemalen kurkuma

OPTIONEEL
peper en zout

BEREIDEN

Kook de eieren tot ze net niet helemaal hard zijn. Laat de gekookte eieren afkoelen en pel ze.

Prak de gekookte eieren fijn en meng met de overige ingrediënten tot een smeuïge salade. Breng eventueel op smaak met peper en zout of andere kruiden.

Wanneer je de olie hebt toegevoegd, dek de salade dan meteen af en bewaar in een afgesloten pot. Deze salade is 2-3 dagen houdbaar in de koelkast.

TIP

Zelf spreads maken, zoals deze eiersalade, is heel makkelijk. Lekker op een broodje, wafel of zadencracker. Door zelf eiersalade te maken voorkom je dat je allerlei E-nummers en kunstmatige stoffen binnenkrijgt. Eet hier wat extra rauwkost of avocado bij om wel groenten binnen te krijgen bij je lunch.

Voedingswaarde per 100 gram **kcal** 116 **vet** 9,1 g **koolhydraten** 0,4 g **eiwit** 8 g

OOSTERSE HUMMUS MET MUNT

Bereiding 10 minuten / ± 200 gram / v, vg

INGREDIËNTEN

100 g kikkererwten, gaar
50 g dadels, ontpit
sap van ½ citroen
2 el olijfolie
1 teen knoflook
½ Spaanse peper, in ringetjes
1 el muntblaadjes
peper en zout

BEREIDEN

Pureer de kikkererwten met de overige ingrediënten in een keuken-machine of met een staafmixer tot een smeuïge massa. Voeg wat extra olijfolie toe als de hummus te droog is. Breng op smaak met peper en zout.

Voedingswaarde per 100 gram **kcal** 232 **vet** 11,4 g **koolhydraten** 25,8 g **eiwit** 4 g

SPREAD VAN ZONNEBLOEM-PITTEN EN NORI

Bereiding 10 minuten / 175 gram / lchf, v, vg

INGREDIËNTEN
200 g zonnebloempitten
zeezout
50 g zwarte olijven
2 el olijfolie
2 norivellen
peper en zout

BEREIDEN
Laat de zonnebloempitten met het zeezout een nachtje weken in water. Zorg dat de pitten een paar centimeter onder water staan.

Giet de pitten de volgende ochtend af en spoel ze af. Meng in een keukenmachine met de olijven en olijfolie tot een smeuïg mengsel. Schep als laatste de stukjes norivel door de pasta. Breng op smaak met peper en zout.

Voedingswaarde per 100 gram **kcal** 470 **vet** 42 g **koolhydraten** 6,9 g **eiwit** 10,8 g

FIT
FAB
40
diner

MEXICAANSE TACO'S

Bereiding 20 minuten / 4 personen
150 gram groente pp / v, vg

INGREDIËNTEN

8 tacoschelpen
200 g mais, uit pot
200 g zwarte bonen, uit pot
200 g cherrytomaten
olie om in te bakken
400 g vegetarisch gehakt
1 el Mexicaanse kruiden
4 el tomatenpuree
optioneel: paar schijfjes
jalepeñopeper

BEREIDEN

Verwarm de oven tot 200 °C en verwarm de tacoschelpen volgens de aanwijzingen op de verpakking.

Giet de mais en bonen af en laat uitlekken. Snijd de kerstomaatjes doormidden.
Verhit de olie in een koekenpan en bak het gehakt met de Mexicaanse bkruiden rul op middelhoog vuur. Voeg de tomatenpuree, mais, bonen en cherrytomaten toe en bak 5 minuten mee.

Haal de taco's uit de oven.
Vul de schelpen met het gehakt en garneer met de schijfjes jalapeño-peper.

TIP

Varieer met de vulling door andere groenten of bijvoorbeeld kip in plaats van gehakt te gebruiken. Ook lekker met een frisse salade en/of guacamole erbij.

Voedingswaarde **kcal** 650 **vet** 22,7 g **koolhydraten** 69,6 g **eiwit** 35,3 g

NASI MET VEGA KIP EN PINDASAUS

Bereiding 20 minuten / 4 personen
200 gram groente pp / v, vg

INGREDIËNTEN NASI

300 g rijst
2 el olijfolie
400 g vegetarische kipstuckjes
800 g Chinese roerbak-
groentemix
15 g nasikruiden
2 el ketjap
2 el sojasaus

INGREDIËNTEN PINDASAUS

100 g pindakaas (zoals van de
Pindakaaswinkel)
200 ml water
3 el ketjap manis
2 tl sambal

OPTIONEEL ALS GARNERING

kroepoek
seroendeng
sambal

BEREIDEN

Kook de rijst volgens de aanwijzingen op de verpakking

Verhit de olie in een hapjespan en bak hierin de vegetarische kip-stuckjes op middelhoog vuur goudbruin en gaar. Voeg de groenten, nasikruiden, ketjap en sojasaus toe en blijf omscheppen tot de groenten geslonken zijn.

Maak intussen de pindasaus door de ingrediënten in een steelpan te mengen. Roer alles goed door en verwarm op lage temperatuur, intussen roerend.

Voeg de gekookte rijst aan de kip-groentemix toe en roer goed door. Serveer met de pindasaus en eventueel de seroendeng, kroepoek en sambal.

Voedingswaarde inclusief pindasaus **kcal** 553 **vet** 22 g **koolhydraten** 47,6 g **eiwit** 33 g

VEGETARISCHE GEHACKTSCHOTEL MET BLOEMKOOLRIJST

Bereiding 20 minuten / 4 personen
275 gram groente pp / v, vg

INGREDIËNTEN

100 g prei
2 el olijfolie om in te bakken
200 g gemengde padden-stoelen
1 el garam masala-kruiden
500 g vegetarisch gehackt
800 g bloemkoolrijst
100 g cashewnoten

BEREIDEN

Snijd de prei in ringen.

Verhit olie in een pan en bak hierin de prei en paddenstoelen met de kruiden kort op middelhoog vuur. Voeg het gehackt toe aan de groenten en roerbak 5-7 minuten. Schep als laatste de bloemkoolrijst toe en bak, intussen roerend, nog 5 minuten mee.

Verdeel over twee borden en garneer met de cashewnoten.

Voedingswaarde **kcal** 427 **vet** 18,2 g **koolhydraten** 19,3 g **eiwit** 40,8 g

PPOT VAN
MKOOL EN
NDIJVIE

STAMPPOT VAN
ZOETE AARDAPPEL
EN BOERENKOOL

STAMPPOT VAN ZOETE AARDAPPEL EN BOERENKOOL

Bereiding 30 minuten / 4 personen
425 gram groente pp / v, vg

INGREDIËNTEN
1 kg zoete aardappels (bataat)
600 g boerenkool
1 bouillonblokje
100 g hazelnoten
100 g zongedroogde tomaten, in olie
2 el olijfolie
peper en zout

OOK NODIG
pureestamper

BEREIDEN

Schil de zoete aardappel en snijd in gelijke stukken. Breng een pan water aan de kook en kook de aardappelen met de boerenkool en een bouillonblokje in circa 15 minuten gaar.

Hak de hazelnoten grof en snijd de helft van de zongedroogde tomaten in dunne repen.

Giet de zoete aardappel en boerenkool af en doe terug in de pan. Stamp tot een fijne massa voeg de olijfolie toe om het geheel smeuïg te maken.

Schep de repen zongedroogde tomaat door de stamppot. Breng op smaak met peper en zout. Garneer met de achtergehouden zongedroogde tomaten en de gehakte hazelnoten.

TIP
Eet deze stamppot eventueel met een stukje gebakken vis of gevogelte. Of meng wat gebakken tempeh door de stamppot.

Voedingswaarde **kcal** 588 **vet** 24,8 g **koolhydraten** 71,5 g **eiwit** 17 g

STAMPPOT VAN BLOEMKOOL EN ANDIJVIE

Bereiding 30 minuten / 4 personen
± 300 gram groente pp / v

INGREDIËNTEN

1 grote bloemkool, in roosjes
1 bouillonblokje
500 g andijvie, fijngesneden
50 g geraspte kaas
peper en zout
100 g gemengde noten, ongebrand

OOK NODIG
pureestamper

BEREIDEN

Kook de bloemkoolroosjes met het bouillonblokje in een grote pan met ruim watern in ± 12 minuten gaar.

Giet de bloemkool af, bewaar wat van het kookvocht en doe terug in de pan. Stamp de bloemkool met een pureestamper fijn.

Zet de pan op laag vuur en meng de rauwe andijvie in delen door de bloemkoolpuree. Vind je de stamppot te droog; voeg dan wat van het achtergehouden kookvocht toe. Roer de geraspte kaas erdoor en breng op smaak met peper en zout.

Hak de noten grof.
Verdeel de stamppot over vier borden en bestrooi met de gehakte noten.

TIP

Eet deze stamppot eventueel met een stukje gebakken vis of gevogelte. Of meng wat gebakken tempeh door de stamppot. Een vegan versie maak je door de kaas te vervangen door edelgist-vlokken.

Voedingswaarde **kcal** 320 **vet** 21,1 g **koolhydraten** 9,4 g **eiwit** 20 g

KABELJAUW MET TOMAAT UIT DE OVEN

Bereiding 20 minuten / oventijd 20 minuten
4 personen / 225 gram groente pp / lchf

INGREDIËNTEN

1 ui
1 grote winterpeen
2 el olijfolie
1 blik (400 gram) tomaten-blokjes
2 tl paprikapoeder
1 visbouillontablet

150 g bamboescheuten
2 vleestomaten
600 g kabeljauwfilet

BEREIDEN

Verwarm de oven tot 180 °C.

Pel en snipper de ui. Snijd de winterpeen in kleine blokjes. Verhit de olie in een pan en bak hierin de ui glazig. Voeg de tomaten-blokjes en paprikapoeder toe, verkruimel het visbouillontablet door de saus en breng kort aan de kook.

Laat op matig vuur onafgedekt circa 5 minuten inkoken tot sausdikte. Wordt de saus te dik voeg dan wat water toe. Voeg de bamboe-scheuten als laatste toe.

Snijd de vleestomaat in plakken. Schep de helft van de saus in een ovenschaal en leg hier de vis op. Verdeel de rest van de saus en de plakken tomaat over de vis en bak 15-20 minuten in het midden van de oven.

Voedingswaarde **kcal** 221 **vet** 6,6 g **koolhydraten** 10,4 g **eiwit** 28,8 g

LINZENPASTA MET BLOEMKOOLSAUS

Bereiding 20 minuten / 4 personen
200 gram groente pp / v, vg

INGREDIËNTEN

300 g linzenpasta
1 grote bloemkool (600-800 gram), in roosjes
200 g stevige tofu
3 tenen knoflook
amandelmelk, ongezoet
peper en zout
1 el verse peterselie, fijngehakt

BEREIDEN

Kook de pasta volgens de aanwijzingen op de verpakking.

Kook de bloemkool beetgaar en giet af. Maal de gekookte bloemkool, met de tofu en knoflook in een blender tot een gladde saus. Voeg amandelmelk toe tot de gewenste sausdikte. Breng op smaak met peper en zout.

Roer de saus door de pasta en verwarm kort samen.
Verdeel over 4 borden en garneer met de verse peterselie.

TIP

Voeg eventueel garnalen toe aan deze saus of breng verder op smaak door bijvoorbeeld kaas, edelgistvlokken of andere kruiden toe te voegen.

Voedingswaarde **kcal** 374 **vet** 5,7 g **koolhydraten** 45 g **eiwit** 29,4 g

PASTA MET
TOMATEN
GEHACKTSAUS

(COURGETTE)
SPAGHETTI MET
SPINAZIESAUS EN
GARNALEN

LINZENPASTA MET
BLOEMKOOLSAUS

(COURGETTE) SPAGHETTI MET SPINAZIESAUS EN GARNALEN

Bereiding 20 minuten / 4 personen / lchf
175 gram groente pp met spaghetti *of 275 gram* met courgette spaghetti

INGREDIËNTEN

300 g spaghetti of 400 g courgettespaghetti (kant en klaar verkrijgbaar in de supermarkt)
2 tenen knoflook
100 g kerstomaatjes
4 el olijfolie

600 g bladspinazie
100 g geraspte kaas
peper en zout
400 g grote gepelde garnalen

TIP

Liever low carb? Vervang de spaghetti dan door courgette-spaghetti. Deze kun je rauw gebruiken of op het laatste moment kort meebakken met de garnalen. Op die manier heb je ook meteen extra groenten binnen.

BEREIDEN

Kook de pasta volgens de aanwijzingen op de verpakking in ruim water beetgaar.
Snijd de knoflook fijn en de cherrytomaatjes doormidden.

Verhit de helft van de olie in een hapjespan en voeg de spinazie in delen toe. Laat elke keer slinken voordat je nieuwe spinazie toevoegt.

Pureer de geslonken spinazie met een staafmixer, of in een blender, tot een gladde saus. Meng de geraspte kaas door de saus en breng op smaak met peper en zout. Roer de saus door de pasta.

Verhit de andere helft van de olie in een grote koekenpan met anti-aanbaklaag op hoog vuur. Roerbak de garnalen ± 3 minuten. Blijf omscheppen. Voeg na ± 2 ½ minuut de knoflook en tomaatjes toe en blijf omscheppen.

Verdeel de pasta met spinaziesaus over vier borden en verdeel de garnalen en tomaatjes over de pasta.

Voedingswaarde met spaghetti **kcal** 613 **vet** 20,5 g **koolhydraten** 58,9 g **eiwit** 45,2 g
Voedingswaarde met courgettespaghetti **kcal** 375 **vet** 19,4 g **koolhydraten** 9,9 g **eiwit** 38 g

PASTA MET TOMATEN-GEHACKTSAUS

Bereiding 30 minuten / 4 personen
200 gram groente pp / v, vg

INGREDIËNTEN

300 g pasta naar keuze
2 el olijfolie
1 ui
1 grote courgette
500 g vegetarisch gehackt
400 ml tomatensaus zonder toegevoegde suiker
2 el Italiaanse kruiden
peper en zout
4 el pijnboompitten

BEREIDEN

Kook de pasta volgens de aanwijzingen op de verpakking.

Verhit olie in een pan.
Pel en snipper de ui en snijd de courgette in blokjes.

Fruit als eerste de ui en voeg dan de courgette toe.
Bak de groenten ± 5 minuten en voeg vervolgens het gehackt toe.

Bak het gehackt rul en voeg de tomatensaus en kruiden toe.
Verwarm goed en breng op smaak met peper en zout.

Rooster de pijnboompitten in een droge koekenpan.
Verwarm de laatste minuut de gekookte pasta in de tomaten-gehacktsaus.
Verdeel over twee borden en bestrooi met de pijnboompitten.
Schenk eventueel nog een extra eetlepel olijfolie over het gerecht.

Voedingswaarde **kcal** 621 **vet** 14,3 g **koolhydraten** 71,3 g **eiwit** 45 g

RISOTTO MET GROENTEN

Bereiding 40 minuten / 4 personen
250 gram groente pp / v

INGREDIËNTEN

2 sjalotjes
4 el olijfolie om in te bakken
1 gele paprika
300 g risottorijst
± 500 ml groentebouillon
400 g gemengde padden-
stoelen naar keuze
200 g doperwten (uit pot)
100 g zongedroogde tomaten
100 g geraspte kaas

BEREIDEN

Pel en snipper de sjalotjes. Verhit de olijfolie in een koekenpan en bak de sjalotjes glazig.

Snijd de paprika in dunne repen, doe ze in de pan en bak een paar minuten op middelhoog vuur. Voeg de risottorijst toe en bak kort mee. Schenk, al roerend, in gedeeltes de bouillon toe. Draai het vuur laag en laat 30 minuten op zacht vuur koken tot de rijst het grootste gedeelte van het vocht heeft opgenomen. Wanneer het te droog wordt voeg je extra bouillon toe.

Maak de paddenstoelen schoon en snijd in plakken. Snijd de zongedroogde tomaten in smalle repen.
Verhit olie in een koekenpan en bak de paddenstoelen goudbruin.
Schep de doperwten, gebakken paddenstoelen, zongedroogde tomaat en geraspte kaas door de rijst en verwarm kort mee.
Neem de pan met rijst van het vuur en verdeel de risotto over 4 borden.

TIP

Voor een vegan versie laat je de geraspte kaas achterwege. Of vervang de kaas door edelgistvlokken.

Voedingswaarde **kcal** 620 **vet** 18,9 g **koolhydraten** 85,3 g **eiwit** 23,7 g

dankwoord

In dit boek komt alles samen wat ik de afgelopen jaren heb mogen leren en ervaren. Dit was nooit mogelijk geweest zonder de mensen om me heen en de 'tribes' waar ik onderdeel van ben. Allereerst uiteraard mijn lieve gezin. Jullie zijn mijn Ikagai!

Daarnaast mijn familie en vrienden, met speciale dank aan mijn moeder die me leerde te vertrouwen op mijn gevoel en mijn hart te volgen. Bij alles wat ik doe, voelt het alsof ze meekijkt, en dat voelt goed.

Ik ben dankbaar voor de leermeesters die op mijn pad kwamen en waar ik van mocht leren, zoals mijn mentoren Wim Hof en Leo Pruimboom. Jullie zijn een enorme inspiratiebron en hebben mijn denk- en leefwijze voor altijd veranderd.

Sanne Leenman, dank je wel dat je mijn coach wilde zijn. Zo fijn dat je mij voor een lange periode hebt gecoacht op weg naar de fitste versie van mezelf. Zonder jou had ik nooit zulke mooie resultaten behaald.

Dank ook aan alle instituten en opleidingen waar ik mijn kennis mocht verrijken, zoals KPNI, Wim Hof Academy, Bell Coaching en het Ketogenics Institute. KPNI Belgium. De Intermittent Living week in de Ardennen was de kers op de taart.

Lieve José, Ingrid en Jade, zonder jullie prachtige beelden zou zit boek alleen maar bestaan uit woorden. Dank jullie wel voor het verbeelden van mijn woorden en ideeën.
Dank ook aan Buitenplaats Plantage en KimRstyling voor de mooie locaties.

Dank ook aan team Optimal Health Studio en team Rendez Vous! En uiteraard het team van Kosmos waar het altijd zo fijn mee samenwerken is. Dank voor het vertrouwen.

Het leuke van een boek schrijven is dat er nieuwe mensen en bedrijven op je pad komen met wie je een fijne klik hebt. In dit geval was dat de Pindakaaswinkel en Roetz Bikes. Dank jullie wel voor je medewerking en het leveren van respectievelijk de lekkerste pindakaas en de fijnste fiets waar ik ooit op gereden heb.

Tot slot wil ik alle lieve en mooie vrouwen bedanken die de afgelopen jaren op mijn pad kwamen en die ik mocht begeleiden naar de fitste versie van zichzelf. Jullie waren de grootste inspiratiebron voor het schrijven van dit boek. Dank jullie wel voor jullie vertrouwen.

Namasté.
Nanneke

bronnen

• 'Willpower' over the life span: decomposing self-regulation, Walter Mischel, Ozlem Ayduk, Marc G. Berman, B. J. Casey, Ian H. Gotlib, John Jonides, Ethan Kross, Theresa Teslovich, Nicole L. Wilson, Vivian Zayas en Yuichi Shoda, www.ncbi.nlm.nih.gov/pmc/articles/PMC3073393/
• 'How are Habits formed: Modelling habit formation in the real world', Phillipa Lally, Cornelia H.M. van Jaarsveld, Henry W.W Potts en Jane Wardle, University College London, Londen, *European Journal of Social Psychology* 40, 998–1009 (2010), online gepubliceerd op 16 juli 2009 in *Wiley Online Library* (wileyonlinelibrary.com)
DOI: 10.1002/ejsp.674
• 'The Neuroscience of Goals and Behavior Change', Elliot T. Berkman *Consult Psychol J.* manuscript; PMC 2019 Mar 1. Gepubliceerd in: *Consult Psychol J.* 2018 Mar; 70(1): 28–44. doi: 10.1037/cpb0000094
• *Unique effects of setting goals on behavior change: Systematic review and meta-analysis*, Tracy Epton, Sinead Currie, Christopher J Armitage, J Consult Clin Psychol, dec. 2017, 85(12):1182-1198.
• 'Efficacy and Safety of Ashwagandha Root Extract in Subclinical Hypothyroid Patients: A Double-Blind, Randomized Placebo-Controlled Trial', Sharma AK, Basu I, Singh S. *J Altern Complement Med*. 2017, aug 22.
• Fat loss depends on energy deficit only, independently of the method for weight loss, B Strasser, A Spreitzer, P Haber.
• 'What is the required energy deficit per unit weight loss?', K D Hall, *International Journal of Obesity*, volume 32, p. 573–576(2008).
• *Weight Loss Composition is One-Fourth Fat-Free Mass: A Critical Review and Critique of This Widely Cited Rule*, Steven B. Heymsfield, M. C. Cristina Gonzalez, Wei Shen, Leanne Redman en Diana Thomas.
• *Accuracy in Wrist-Worn, Sensor-Based Measurements of Heart Rate and Energy Expenditure in a Diverse Cohort*, Anna Shcherbina, C Mikael Mattsson, Daryl Waggott, Heidi Salisbury, Jeffrey W Christle, Trevor Hastie, Matthew T. Wheeler en Euan A Ashley

• *Effect of Wearable Technology Combined With a Lifestyle Intervention on Long-term Weight Loss: The IDEA Randomized Clinical Trial*, John M Jakicic, Kelliann K Davis, Renee J. Rogers, Wendy C. King, Marsha D. Marcus, Diane Helsel, Amy D. Rickman, Abdus S. Wahed enSteven H Belle.
• *Three weeks of interrupting sitting lowers fasting glucose and glycemic variability, but not glucose tolerance, in free-living women and men with obesity*, Jonathon A.B. Smith, Mladen Savikj, Parneet Sethi, Simon Platt, Brendan M. Gabriel1, John A. Hawley, David Dunstan, Anna Krook, Juleen R. Zierath en Erik Näslund.
• *Resistance training for hot flushes in postmenopausal women: A randomised controlled trial*,
Emilia Berin, Mats Hammar, Hanna Lindblom, Lotta Lindh-Åstrand, Marie Rubér en Anna-Clara Spetz Holm.
• 'Association of lean body mass to menopausal symptoms: The Study of Women's Health Across the Nation', Rosanne Woods, Rebecca Hess, Carol Biddington en Marc Federico, *Women's Midlife Health*, volume 6, art.nr.10 (2020).
- Over proteïne-inname https://academic.oup.com/ajcn/advance-article/doi/10.1093/ajcn/nqaa283/5986961
• Gezondheidsenquete/Leefstijlmonitor CBS i.s.m. RIVM
• 'Carbohydrate restriction has a more favorable impact on the metabolic syndrome than a low fat diet', Volek, J.S., et al., Lipids, 2009, 44(4): p.297-309.
• 'Palmitolea: A biomarker of Obesity and Potential Target for Treatment', Phinney, S.D., et al., *Am J Clin Nutr*, 2002, 75: p. 373 ev.
• 'Effects of variation in protein and carbohydrate intake on body mass and composition during energy restriction: a meta-regression', Krieger, J.W., et al., *American Journal of Clinical Nutrition*, 2006. 83(2): p.260-274.
• 'Body composition and hormonal responses to a carbohydrate-restricted diet'., Volek, J.S., et al., *Metabolism*, 2002.51(7): p. 864-70.
• 'Comparison of energy-restricted very low carbohydrate and low-fat diets on weight loss and body composition in overweight men and women', Volek, J.S., et al., *Nutr. Metab* (Lond), 2004. 1(1): p. 13.

bronnen

• 'Low Carbohydrate diets promote a more favorable body composition than low fat diets', Volek, J.S., E.E Quann en C.E. Forsythe, *Strength and Conditioning Journal*, 2010. 32(1): p.42-47.
• *Intermittent drinking, oxytocin and human health*, L. Pruimboom , D. Reheis.

• 'Restricted diet delays accelerated ageing and genomic stress in DNA-repair-deficient mice', Vermeij WP et al., *Nature*, 24 aug 2016, 537(7620):427-431.
• 'Alternate day fasting improves physiological and molecular markers of aging in healthy, non-obese humans', Stekovic, Hofer, en Tripolt et al., *Cell Metabolism*, https://www.cell.com/cell-metabolism/fulltext/S1550-4131(19)30429-2
• 'Impact of intermittent fasting on health and disease processes', Mattson M.P., Longo V.D., Harvie M., *Ageing Res Rev*. 31 okt 2016.
• 'Interventions to Slow Aging in Humans: Are We Ready?', Longo V.D. et al, *Aging Cell*, 2015.
• 'Effects of intermittent fasting on metabolism in men', Azevedo, F. R. de, Ikeoka, D., en Caramelli, B. (2013). *Revista Da Associacao Medica Brasileira (1992), 59*(2), 167-173.
• 'The effects of intermittent or continuous energy restriction on weight loss and metabolic disease risk markers: a randomized trial in young overweight women', Harvie, M. N., Pegington, M., Mattson, M. P., Frystyk, J., Dillon, B., Evans, G., et al. (2011). *International Journal of Obesity* (2005), 35(5), 714-727.
• 'Effect of exercising while fasting on eating behaviors and food intake', Bhutani, S., Klempel, M. C., Kroeger, C. M., Aggour, E., Calvo, Y., Trepanowski, J. F., et al. (2013), *Journal of the International Society of Sports Nutrition*, 10(1), 50.
• *The Influence of Cyclical Ketogenic Reduction Diet vs. Nutritionally Balanced Reduction Diet on Body Composition, Strength, and Endurance Performance in Healthy Young Males: A Randomized Controlled Trial*, Pavel Kysel et al., online gepubliceerd op 16 sept 2020.
• *Feiten over Vetten*, Mary G. Enig, Ph.D.

• 'Effects of Ketogenic Dieting on Body Composition, Strength, Power, and Hormonal Profiles in Resistance Training Men', Wilson, Jacob M. et al., *Journal of Strength and Conditioning Research*, dec 2020 – vol. 34, 12 – p. 3463-3474.
• *The Art and science of Low Carbohydrate Living*, Jeff S. Volek, PhD, RD enStephen D. Phinney, MD, PhD.
• *Diet, individual responsiveness and cancer prevention*, Michael J. Wargovich, Joan E. Cunningham.
• *Alternate day calorie restriction improves clinical findings and reduces markers of oxidative stress and inflammation in overweight adults with moderate asthma*, James B Johnson et al.
• https://www.nih.gov/news-events/news-releases/nih-study-compares-low-fat-plant-based-diet-low-carb-animal-based-diet
• *Beyond Fasting*, dr. Daniel Pompa.
• *Timing of food intake predicts weight loss effectiveness*, M. Garaulet , P. Gómez-Abellán, J.J. Alburquerque-Béjar, Y.-C. Lee, J.M. Ordovás en F.A.J.L. Scheer.
• *Mice Under Caloric Restriction Self-Impose a Temporal Restriction of Food Intake as Revealed by an Automated Feeder System*, Victoria A. Acosta-Rodríguez, Marleen H.M. de Groot, Filipa Rijo-Ferreira, Carla B. Green en Joseph S. Takahashi. – *Timing of food intake predicts weight loss effectiveness*, M. Garaulet , P. Gómez-Abellán, J. J. Alburquerque-Béjar, Y.-C. Lee, J. M. Ordovás en F.A. J. L. Scheer.
• *Gut Microbiota Orchestrates Energy Homeostasis during Cold*, Claire Chevalier et al.
• *The Roseto effect: a 50-year comparison of mortality rates*, B. Egolf, J. Lasker, S. Wolf, and L. Potvin Am J Public Health. 1992 August; 82(8): 1089–1092.

register